Theophilos Boreas

Das weltbildende Prinzip in der platonischen Philosophie

Theophilos Boreas

Das weltbildende Prinzip in der platonischen Philosophie

ISBN/EAN: 9783742813015

Hergestellt in Europa, USA, Kanada, Australien, Japan

Cover: Foto ©Klaus-Uwe Gerhardt /pixelio.de

Manufactured and distributed by brebook publishing software
(www.brebook.com)

Theophilos Boreas

Das weltbildende Prinzip in der platonischen Philosophie

DAS

WELTBILDENDE PRINZIP

IN DER

PLATONISCHEN PHILOSOPHIE.

INAUGURAL-DISSERTATION

ZUR

ERLANGUNG DER DOCTORWÜRDE

DER

HOHEN PHILOSOPHISCHEN FACULTÄT DER UNIVERSITÄT

VORGELEGT VON

THEOPHILOS BOREAS

AUS ATHEN.

LEIPZIG 1899

DRUCK VON BÄR & HERMANN.

FRAU

SOPHIE HEINRICH SCHLIEMANN

IN DANKBARER VEREHRUNG

GEWIDMET.

Einleitung.

———

Es gibt wohl kaum ein anderes Problem auf dem Gebiete der griechischen Philosophie, dessen Lösung solche Schwierigkeiten bietet, wie Platons Lehre von den Ideen, und das Verhältnis derselben zur Gottheit. Welche Stelle gibt Platon der Ideenwelt in seinem System? Ist diese oder eine Gottheit das weltbildende Prinzip bei ihm? Diese Frage von grofser Tragweite für die Auffassung der ganzen platonischen Philosophie ist besonders in der letzten Zeit der Gegenstand vielfacher Erörterungen gewesen, ohne dafs ein allgemein befriedigendes Resultat erreicht worden ist. Der Umstand einerseits, dafs Platon nicht planmäfsig ein ganzes System ausgebildet und angeordnet hat, nach der Methode moderner Philosophen, sondern dafs er sich mehr oder minder gelegentlich über einzelne Begriffe in seinen verschiedensten Schriften äufsert, andererseits aber die Unfertigkeit des philosophischen Systems des grofsen Denkers, dessen Weltanschauung sich fortwährend entwickelnd unabgeschlossen blieb, lassen noch immer einen dichten Nebelschleier über dieser Frage lagern und ermöglichen den Weg zu verschiedenen, von einander abweichenden Auffassungen. Bei einem Überblick über die platonischen Schriften kann man sich der Überzeugung nicht verschliefsen, dafs für Platon der letzte Grund der Welt in einer höchsten Vernunft liegt, dafs er mit Anaxagoras und Sokrates einen allwaltenden Nus als das wirkende Prinzip annimmt, das aus Güte alles in der Welt zweckmäfsig schafft, ordnet, lenkt und erhält[1]); einige Äufserungen Platons jedoch, beispielsweise in der Republik,[2])

———

[1]) Vgl. Phileb. 28 D ff. Soph. 265 C f. Tim. 27 C ff. Gess. X, 889 B ff. 899 D ff. 903 A f.

[2]) VI, 595 ff.

wonach die Idee des Guten an die Spitze der Ideenwelt gestellt als Quelle alles Seins und Erkennens betrachtet wird, im Phaidon[1]) und andern Dialogen, lassen den Schein entstehen, als wären die Ideen die Ursachen schlechthin.

Demnach sind zwei Hauptansichten, die sich bei den angesehensten Platoforschern in der Lösung dieser Frage vorfinden. Nach der einen nimmt Platon einen Gott für sich als Geist, bewegendes und bildendes Prinzip an; die Ideen sind nach dieser Ansicht entweder Gedanken der Gottheit, oder metaphysische, für sich existierende Wesenheiten, nach denen Gott die Sinnendinge bildet. Die erstere Auffassung fand schon im Altertum die meisten Vertreter bei den späteren Platonikern, Neuplatonikern[2]) und Neupythagoreern,[3]) die zugleich an der Substanzialität der Ideen festhielten, sodann bei Kirchenvätern, welche in der Auffassung der platonischen Lehre größtenteils den Neuplatonikern folgten; ferner bei den Realisten und Neuplatonikern der Renaissance,[4]) und hat sich bis auf die neuere Zeit erhalten. Aber auch die neueste Zeit weist viele Bekenner dieser Annahme auf, wie Meiners,[5]) Stallbaum,[6]) Trendelenburg,[7]) Rettig,[8]) Michaelis[9]) u. a. Indessen sie widerstreitet bestimmtesten Erklärungen Platons, wie sich weiter unten ergeben wird, und es wird uns berichtet, daß bereits Longin, der Neuplato-

---

[1]) 99 D ff.

[2]) Albin. Διδασκαλ. τῶν Πλάτ. δογμ. IX „ἔστι δὲ ἡ ἰδέα ὡς πρὸς μὲν θεὸν νόησις αὐτοῦ, ὡς πρὸς δὲ ἡμᾶς νοητὸν πρῶτον". Ebenda „— εἶναι γὰρ τὰς ἰδέας νοήσεις θεοῦ αἰωνίους τε καὶ αὐτοτελεῖς". Vgl. II „ἡ ψυχὴ δὴ θεωροῦσα τὸ θεῖον καὶ τὰς νοήσεις τοῦ θείου εὐπαθεῖν τε λέγεται καὶ τοῦτο τὸ πάθημα αὐτῆς φρόνησις ὠνόμασται κτλ.", wo er unzweifelhaft die Stelle Phaidons 79 D vor Augen hat.

Plotin, V, 9. 5, 9. 8, 9. 9 „ἀναγκαῖον καὶ ἐν νῷ τὸ ἀρχίτυπον πᾶν εἶναι καὶ κόσμον νοητὸν τοῦτον τὸν νοῦν εἶναι, ὃν φησιν ὁ Πλάτων ἐν τῷ Τιμαίῳ ὅ ἐστι ζῷον", Amelios, welcher bekanntlich auch eine Idee des Bösen im Gott annahm (Philop. bei Mai, Spicil. rom. II, 20), Porphyrios (Vita Plot. c. 18) u. a.

[3]) Mullach, Fragm. I, 200.

[4]) Wie bei Marsilius Ficinus, Opp. (Paris, 1641) I, 990.

[5]) Gesch. d. Wissensch. II, 803.

[6]) Plat. Tim. p. 40. Parmen. p. 269 „ideas esse sempiternas numinis divini cogitationes".

[7]) De Plat. Philebi consil. p. 17 ff. p. 20 „Quid igitur restat nisi divina intelligentia, quae cogitando ita ideas gignat, ut sint quia cogitentur?"

[8]) Αἰτία im Philebos S. 24 ff.

[9]) Phil. plat. II, 255. Vgl. auch G. Schneider, Plat. Metaphys. 110 f. u. ö.

niker sie bestritt,[1]) indem er dafür hielt, dafs die Ideen aufser der
Gottheit existieren. Nach dieser Auffassung Longins ist also Gott
bei Platon der Weltbildner, der neben und aufser den Ideen besteht,
nach denen er als ewigen Urbildern die Welt schafft.[2]) In der
neueren Zeit ist für diese Meinung unter andern einer der hervor-
ragendsten Kenner der plat. Philosophie eingetreten, C. Fr. Hermann.[3])

Die zweite Hauptansicht, welche heutzutage zahlreiche Anhänger zählt, gibt den Ideen die Alleinherrschaft im System Platons;
sie lautet dahin, dafs Platon keinen Gott für sich angenommen habe,
dafs ihm die Gottheit mit der höchsten Idee, der des Guten, in
welcher alle anderen ihren Grund haben, zusammenfalle; sie nur
sei das weltbildende Prinzip in der platonischen Philosophie, der
Demiurg des Timaios sei eine durchaus mythische Gestalt. In diesem Sinne äufsern sich Herbart,[4]) Schleiermacher,[5]) Ritter,[6]) Bonitz,[7])
Brandis,[8]) Überweg,[9]) Susemihl[10]) u. a. Ebenso urteilt Zeller, der
hervorragendste Forscher auf dem Gebiet der Philosophie der Griechen, der diese Ansicht am schärfsten und entschiedensten zu unterstützen versucht hat.[11]) Zellers Meinung aber unterscheidet sich von
der der anderen darin, dafs er die Behauptung aufstellt, nicht blofs
die Idee des Guten allein sei die wirkende Ursache der Dinge, sondern die ganze Ideenwelt überhaupt.[12]) Diese zuletzt erwähnte

---

[1]) Porphyr. Vita Plotini c. 18.

[2]) Auch Porphyrios, Longins Schüler, vertritt diese Meinung eine Zeitlang,
(„ἔξω τοῦ νοῦ ὑφέστηκε τὰ νοητά", Porph. Vit. Plot. c. 18 f.).

[3]) Index lect. hib. Marburg 1832/3. Vindic. disput. de idea boni apud
Plat., Marburg 1839.

[4]) WW. I, 248. XII, 78.

[5]) Plat. WW. II, 134.

[6]) Gesch. d. Philos. II, 311 ff.

[7]) Disputat. plat. duae p. 5 ff.

[8]) Gesch. d. Entw. d griech. Philos. I, 322 f.

[9]) Rhein. Mus. IX, 69 ff. Grundr. d. Gesch. d. Phil. I. 173 f.

[10]) Genet. Entwickl. d. Plat. Phil. I. 360, II. 22, 202. Vgl. auch Schwegler,
Gesch. d. griech. Phil. 204, 209. Steinhart, Plat. WW., übersetzt von H. Müller,
IV, 644 f. V, 214 f. Ribbing, Genet. Darstellung d. plat. Ideenlehre I, 370 ff.,
375 f.

[11]) Philos. d. Griechen II. 1⁴. 686 ff., 707 ff. u. ö.

[12]) II. 1⁴. 686 ff. u. oft. Vgl. Steinhart, V, 214 „Dies ist der Schlufsstein
in Platons Ideenlehre, deren stufenweise Fortbildung wir, seit ihrem ersten,
bestimmten Auftreten im Kratylos, von Dialog zu Dialog verfolgten und sahen,

Lösung des Problems scheint in der allerletzten Zeit immer größeren Boden zu gewinnen durch neue Bekenner,[1] die sie nach und nach erwirbt, indessen ist dadurch keine endgültige Übereinstimmung betreffs dieser Frage erzielt worden, und es wird sich, unseres Erachtens, keine herbeiführen lassen, solange die platonischen Schriften uns Manches dagegen darbieten.

Die erhebliche Bedeutung dieser Frage einerseits, und der Umstand, daß uns die Auffassung Zellers nicht zufrieden zu stellen vermag, andererseits, bewog uns, in den nachfolgenden Untersuchungen auf Grundlage der platonischen Dialoge den Versuch zu machen, klarzustellen, was Platon gegen die Zellersche Ansicht darlegt, und welche Lösung dieses Problems wir für die wahrscheinlichere halten. Wir werfen zuerst die Frage auf, was die Ideen ihrem Ursprunge und Wesen nach sind, sodann ob sie wirkende Ursachen sein können und wir versuchen ferner die Lehre Platons vom Guten und Gott und das Verhältnis beider zu einander festzustellen. Am Schlusse fassen wir in der Kürze die Ergebnisse unserer Arbeit zusammen. Demnach zerfällt unsere Abhandlung in die folgenden Teile:

I. Die Ideen.
    1. Ursprung und Wesen der Ideen.
    2. Angebliche Wirksamkeit der Ideen.
II. Die Idee des Guten und die Gottheit.
Schluß.

---

wie die Ideen mehr und mehr aus logischen Denkformen zu ursächlichen mit schöpferischer Macht das Einzelne ins Dasein rufenden und nach ihrem Bilde gestaltenden Prinzipien oder, wenn man will, zu göttlichen Lebenskräften wurden. In der Idee des höchsten Guten haben sie alle ihren Mittelpunkt."

[1] U. a. Windelband, Gesch. d. alt. Phil. 121 f. Eucken, Die Lebensansch. d. gr. Denker S. 30.

I. Die Ideen.

1. Ursprung und Wesen der Ideen.

Zwei sind die Grundpfeiler, auf denen die Ideenlehre Platons sich aufbaute, einmal die Überzeugung, daß alles in der sinnlichen Welt in ewigem Flusse begriffen sei, sodann aber die Annahme eines ewig sich gleich bleibenden Wesens, welches Gegenstand des Wissens sein müsse. Die Elemente, aus denen diese Anschauung Platons sich entwickelte, bot ihm die vorsokratische (vorzugsweise die pythagoreische, die eleatische und die heraklitische) und die sokratische Philosophie, wie Aristoteles ganz richtig bemerkt. Er sagt, daß Platon von Jugend auf mit Kratylos und der herakliteischen Lehre vertraut, daß alles Sinnliche in beständigem Flusse begriffen und kein Wissen davon möglich sei, dieser Ansicht auch später getreu blieb; daß er sich aber zugleich die sokratische Philosophie aneignete, welche in ihren Untersuchungen das Allgemeine suchte und sich zum ersten Male den Begriffsbestimmungen zuwandte, und er auf diese Weise zur Ansicht kam, daß die allgemeinen Bestimmungen nicht das Sinnliche, das sich immer verändert, sondern etwas anderes zum Gegenstand haben müssen, welches er Ideen nannte.[1] Heraklit hatte bekanntlich den Satz vom absoluten und rastlosen Flusse aller Dinge aufgestellt (πάντα ῥεῖ). Hauptsätze seiner Lehre waren, alles sei Bewegung, entstehe und vergehe unaufhörlich;[2] die Sinne täuschen, indem sie uns ein

---

[1] Met. I, 6. 987 a 29 ff. Vgl. XIII, 9. 1086 a 35 ff.

[2] πάντα ῥεῖν εἶναι δὲ παγίως· οὐδὲν Fr. 41 vgl. Plac. I, 23 (Doxogr. 320). Plat. Kratyl. 402 A „λέγει που Ἡράκλειτος ὅτι πάντα χωρεῖ καὶ οὐδὲν μένει, καὶ ποταμοῦ ῥοῇ ἀπεικάζων τὰ ὄντα λέγει, ὡς δὶς εἰς τὸν αὐτὸν ποταμὸν οὐκ ἂν ἐμβαίης" u. a.

beständiges Sein darstellen.[1]) Parmenides behauptete dagegen, es gebe nur ein Seiendes, welches unbewegt, unteilbar, von Ewigkeit her die Fülle alles Seins umfassend, dem Werden und Wandel nicht unterworfen sei;[2]) das Denken sei vom Sein nicht verschieden;[3]) das Werden und die Vielheit sei unmöglich;[4]) die Sinne bieten Täuschung und Irrtum.[5]) Unser Philosoph erklärte sich mit dem Ephesier, wie wir noch sehen werden, insofern einverstanden, als er auch annimmt, daß es eine beständige Veränderung der Sinnendinge gebe, lehrte aber, daß außer der fließenden Erscheinung etwas Beständiges existieren müsse, als Objekt des wahren Wissens, und stimmte ferner mit dem Eleaten insofern überein, als auch ihm ein Bleibendes, mit dem Denken zu Erfassendes das wahre Sein ist, wich aber von ihm ab, indem er behauptet, einmal, daß es nicht nur ein Seiendes, sondern eine Vielheit davon gebe, sodann aber, daß es nicht bloß das Seiende, sondern auch nicht-Seiendes geben müsse.[6])

Die Lehre Heraklits wurde ihm bekannt zuerst durch den Herakliteer Kratylos, näher aber scheint er sie, sowie die ganze vorsokratische Philosophie, durch eigene Studien nach und nach kennen gelernt zu haben.[7]) Den Anlaß dazu gaben Platon, wie es scheint, die Sophisten, damals die Träger der Aufklärung in Athen, welche den dialektischen und ethischen Fragen zugewandt aus der vorsokratischen Philosophie Folgerungen zogen, welche seiner Weltanschauung entgegenstrebten. Von der Lehre Heraklits ausgehend, lehrte Protagoras, daß, da in der Welt alles sich bewege und fließe, alle Dinge durch ihre gegenseitige Berührung und Einwirkung zu bestimmten Qualitäten werden und unsere Vorstellungen dadurch entstehen, daß die Dinge auf unser leidendes Organ einwirken und sinnliche Empfindungen erzeugen,[8]) sonach daß die

---

[1]) Fr. 11. Sext. Math. VII, 126.
[2]) Karsten-Mullach v. 57 ff., Stein v. 62 ff.
[3]) Karst. v. 40, St. v. 50, vgl. Karst. v. 93, St. v. 96.
[4]) Karst. v. 60 ff., St. v. 65 ff.
[5]) Karst. v. 54 ff., St. v. 93 ff.
[6]) Soph. 244 B ff. 241 D ff. 258 C ff.
[7]) Vgl. auch C. Fr. Hermann, Gesch. u. System d. plat. Phil. S. 136. Platon ist der erste griechische Denker, welcher die Philosophie seiner Vorgänger allseitig berücksichtigte. Vgl. hierzu Zeller, Phil. d. Gr. II, 1⁴. 565. Archiv f. Gesch. d. Phil. V (1892) S. 165 ff. Lewes, Hist. of Phil. I, 262.
[8]) Theät. 156 A ff.

sinnliche Wahrnehmung die einzige Quelle der Erkenntnis sei.[1]) Unmittelbare Folge dieser Behauptung war, daſs für jedes Individuum jegliches Ding so sei, wie es ihm erscheine und zwar im Augenblicke, wo es ihm so erscheine, daſs es also nur eine subjektiv-relative, keine objektiv allgemeingültige Wahrheit gebe.[2]) Der Mensch ist das Maſs aller Dinge,[3]) ist der Grundsatz dieser Lehre. Auch Gorgias hatte die Richtigkeit aller menschlichen Erkenntnis in Zweifel gezogen und die Individualität stark betont, indem er aus der Lehre des Parmenides folgerte, es sei nichts, und wenn etwas sei, so sei es nicht erkennbar, und wenn erkennbar, doch nicht mitteilbar.[4]) Dieser Subjektivismus und Relativismus der Sophisten gab sich nicht nur in dem Zweifel an der Richtigkeit aller wissenschaftlichen Erkenntnis kund, sondern auch auf dem Gebiet der Ethik und Politik, wo er jedes Individuum auf sein eigenes Gutdünken anweist. Denn wenn es keine allgemeingültige Wahrheit gibt, so kann auch kein ethischer Begriff allgemeingültig sein; es muſs vielmehr alles von der Meinung jedes einzelnen Menschen abhängig sein, mithin für jeden recht, gut, schön das sein, was jedermann gutdünkt, und nicht bloſs für jedes Individuum, sondern auch für jeden Staat.

Schon bei den älteren Sophisten kommen diese Folgerungen zum Vorschein. Platon legt dem Protagoras die Ansicht in den Mund, daſs recht und schön für jeden Staat das sei, was ihm als gerecht und schön erscheine, solange er dieser Ansicht bleibe,[5]) und

---

[1]) Theät. 152 A ff. 160 D „Παγκάλως ἄρα σοι εἴρηται ὅτι ἐπιστήμη οὐκ ἄλλο τί ἐστιν ἢ αἴσθησις καὶ εἰς ταὐτὸν συμπέπτωκε κατὰ μὲν Ὅμηρον καὶ Ἡράκλειτον καὶ πᾶν τὸ τοιοῦτον φῦλον οἷον ῥεύματα κινεῖσθαι τὰ πάντα, κατὰ δὲ Πρωταγόραν τὸν σοφώτατον πάντων χρημάτων ἄνθρωπον μέτρον εἶναι, κατὰ δὲ Θεαίτητον τούτων οὕτως ἐχόντων αἴσθησιν ἐπιστήμην γίγνεσθαι", vgl. 168 B.

[2]) Vgl. Sext. Empir. adv. Math. VII, 60 „ἐπεί φησι (Πρωταγόρας) πάσας τὰς φαντασίας καὶ τὰς δόξας ἀληθεῖς ὑπάρχειν καὶ τῶν πρός τι εἶναι τὴν ἀλήθειαν.

[3]) „Πάντων χρημάτων μέτρον ἄνθρωπος τῶν μὲν ὄντων ὡς ἔστι, τῶν δ' οὐκ ὄντων ὡς οὐκ ἔστι". Fr. 1 (Mullach. Fr. phil. II, 130). Vgl. Diog. Laert. IX, 54. Sext. Math. VII, 60. Kratyl. 385 E f. Theät. 152 A, 160 C.

[4]) Sext. Math. VII, 55 ff., Pseudo-Arist., De Melisso ect. c. 5 „οὐκ εἶναί φησιν (Γοργίας) οὐδέν· εἰ δὲ ἔστιν ἄγνωστον εἶναι· εἰ δὲ καὶ ἔστι καὶ γνωστόν, ἀλλ' οὐ δηλωτὸν ἄλλοις".

[5]) Theät. 167 C „οἷά γ' ἂν ἑκάστῃ πόλει δίκαια καὶ καλὰ δοκῇ, ταῦτα καὶ εἶναι αὐτῇ, ἕως ἂν αὐτὰ νομίζῃ", vgl. 168 B, 172 A „οὐκοῦν καὶ περὶ

läfst den Hippias behaupten, dafs das Gesetz den Menschen gewaltsam zu Vielem gegen die Natur zwinge.[1]) Freilich ist nicht zu leugnen, dafs die Sache bei ihnen nicht so schlimm war,[2]) wie bei den Späteren. In den platonischen Schriften begegnen wir vielen von diesen letzteren, welche auf ethisch-politischem Gebiete extreme Meinungen äufsern. So dem Thrasymachos in der Republik, der die Ansicht vertritt, Recht sei für den Starken das, was ihm nütze,[3]) alle positiven Gesetze seien dagegen willkürliche Satzungen, die jeder Machthaber nach seinem eigenen Vorteil aufstelle;[4]) ferner dem Polos und Kallikles im Gorgias, von denen der erstere behauptet, das höchste Glück bestehe in der Macht zu thun was man möge, und die Tyrannis, die man gewöhnlich für die gröfste Ungerechtigkeit halte, mache den, der sie ausübe, zum glücklichsten,[5]) der letztere, dafs das natürliche Recht (τὸ τῆς φύσεως δίκαιον) lediglich das Recht des Stärkeren, das positive Gesetz aber durch Convention der schwachen Menschen zu stande gekommen und naturwidrig (παρὰ φύσιν) sei.[6])

Dasselbe gilt von der Religion. Protagoras sagte skeptisch, er könne von den Göttern nichts wissen,[7]) Kritias[8]) und Prodikos[9]) erklärten den Götterglauben anthropologisch und naturalistisch.

Gegen diese Lehre der Sophisten, welche damals in ganz Griechenland, und vornehmlich in Athen, dem Mittelpunkt der hellenischen Welt, verbreitet alle objektiv gültigen Normen des sitt-

---

πολιτικῶν, καλὰ μὲν καὶ αἰσχρὰ καὶ δίκαια καὶ ἄδικα καὶ ὅσια καὶ μή, οἶα ἂν ἑκάστη πόλις οἰηθεῖσα θῆται νόμιμα αὐτῇ, ταῦτα καὶ εἶναι τῇ ἀληθείᾳ ἑκάστῃ", 172 B. 177 C.

[1]) Protag. 337 D „ὁ νόμος τύραννος ὢν τῶν ἀνθρώπων πολλὰ παρὰ τὴν φύσιν βιάζεται", vgl. Xenoph. Memor. IV, 4. 14 ff.

[2]) Vgl. Zeller I⁵, 1123 f. M. Heinze, Der Eudämonismus in der griech. Phil. S. 84 f.

[3]) Rep. I, 338C „φημὶ γὰρ ἐγὼ εἶναι τὸ δίκαιον οὐκ ἄλλο τι ἢ τὸ τοῦ κρείττονος ξυμφέρον".

[4]) Ebenda 938D „τίθεται δέ γε τοὺς νόμους ἑκάστη ἡ ἀρχὴ πρὸς τὸ αὑτῇ ξυμφέρον, δημοκρατία μὲν δημοκρατικούς, τυραννὶς δὲ τυραννικούς, καὶ αἱ ἄλλαι οὕτω … τοῦτ' οὖν ἐστιν, ὦ βέλτιστε, ὃ λέγω ἐν πάσαις ταῖς πόλεσι ταὐτὸν εἶναι δίκαιον, τὸ τῆς καθεστηκυίας ἀρχῆς ξυμφέρον".

[5]) Gorg. 466 B ff. 469 C. 471 A.

[6]) Ebenda 493 BD.

[7]) Theät. 162D. Diog. Laert. IX, 51.

[8]) In seiner Tragödie Sisyphos, Nauck, Fragm. trag. gr.² S. 771.

[9]) Cic. de nat. deor. I, 42. 118.

lichen Handelns in Frage gestellt, die subjektive Willkür als das Höchste erklärt und eine Oberflächlichkeit und Frivolität zur Folge hatte, zieht Platon überall zu Felde. In seinen Dialogen Theätet und Kratylos läfst er den Sokrates die Lehre des Protagoras mit der des Heraklit in Beziehung bringen und derselben gegenüber die Inkonsequenzen aufweisen, zu welchen die Lehre von der Wahrnehmung als der einzigen Quelle der Erkenntnis führt; ferner hervorheben, dafs der Gegenstand des Wissens nicht das Fliefsende sein kann, da sonst die Erkenntnis ein Ding der Unmöglichkeit wäre,[1] sondern etwas Unwandelbares, Beharrliches, was die Seele erkennt.[2] Das wahre Wesen der Dinge ist somit etwas ganz verschiedenes von dem, was wir wahrnehmen; es ist etwas Absolutes (δῆλον δὴ ὅτι αὐτὰ αὐτῶν οὐσίαν ἔχοντά τινα βέβαιόν ἐστι τὰ πράγματα, οὐ πρὸς ἡμᾶς οὐδὲ ὑφ' ἡμῶν, ἑλκόμενα ἄνω καὶ κάτω τῷ ἡμετέρῳ φαντάσματι, ἀλλὰ καθ' αὑτὰ πρὸς τὴν αὐτῶν οὐσίαν ἔχοντα ἧπερ πέφυκεν).[3] Dieses Wesen der Dinge ist nach Platon das παντελῶς γνωστόν, während die Erscheinungsdinge zwischen dem Sein und nicht-Sein liegen und keine ἐπιστήμη, sondern nur eine δόξα gewähren.[4] Im Timaios setzt er dies am klarsten auseinander, indem er den Führer des Gesprächs etwa Folgendes sagen läfst: Wenn Einsicht und richtige Meinung (νοῖς καὶ δόξα ἀληθής) zwei verschiedene Erkenntnisarten bilden, dann gibt es auch anundfürsichseiende, der Wahrnehmung nicht zugängliche, sondern nur durch das Denken erfafsbare Ideen ἀναίσθητα ὑφ' ἡμῶν εἴδη νοούμενα μόνον); wenn aber der Ansicht Einiger zu-

---

[1] Theät. 152 A ff. Kratyl. 385 E ff. 439 B ff. 440 A „Ἀλλ' οὐδὲ γνῶσιν εἶναι φάναι εἰκός, ὦ Κρατύλε, εἰ μεταπίπτει πάντα χρήματα καὶ μηδὲν μένει. εἰ μὲν γὰρ αὐτὸ τοῦτο, ἡ γνῶσις, τοῦ γνῶσις εἶναι μὴ μεταπίπτει, μένοι τε ἂν ἀεὶ ἡ γνῶσις καὶ εἴη γνῶσις· εἰ δὲ καὶ αὐτὸ τὸ εἶδος μεταπίπτει τῆς γνώσεως, ἅμα τ' ἂν μεταπίπτοι εἰς ἄλλο εἶδος γνώσεως καὶ οὐκ ἂν εἴη γνῶσις· εἰ δὲ ἀεὶ μεταπίπτει, οὐκ ἂν εἴη γνῶσις, καὶ ἐκ τούτου τοῦ λόγου οὔτε τὸ γνωσόμενον οὔτε τὸ γνωσθησόμενον ἂν εἴη· εἰ δὲ ἔστι μὲν ἀεὶ τὸ γιγνῶσκον, ἔστι δὲ τὸ γιγνωσκόμενον, ἔστι δὲ τὸ καλόν, ἔστι δὲ τὸ ἀγαθόν, ἔστι δὲ ἓν ἕκαστον τῶν ὄντων, οὔ μοι φαίνεται ταῦτα ὅμοια ὄντα, ἃ νῦν ἡμεῖς λέγομεν, ῥοῇ οὐδὲν οὐδὲ φορᾷ".

[2] Theät. 184 B ff. 186 A „Ποτέρων οὖν τίθεις τὴν οὐσίαν; — Ἐγὼ μὲν ὧν αὐτὴ ἡ ψυχὴ καθ' αὑτὴν ἐπορέγεται κτλ."

[3] Kratyl. 386 D; vgl. Theät. 172 B (gegen die Sophisten) ἐν τοῖς δικαίοις καὶ ἀδίκοις καὶ ὁσίοις καὶ ἀνοσίοις ἐθέλουσιν ἰσχυρίζεσθαι ὡς οὐκ ἔστι φύσει αὐτῶν οὐδὲν οὐσίαν ἑαυτοῦ ἔχον κτλ.

[4] Rep. V, 477 A ff., Phaidon 79 A.

folge dies beides sich in nichts unterscheidet, dann müssen wir alles, was wir vermittels des Körpers wahrnehmen, für ganz zuverlässig halten. Beide aber sind verschieden der Entstehung und dem Wesen nach. Da es sich aber so verhält, so müssen wir einräumen, daſs es zwei verschiedene Arten von Gegenständen gibt: erstens das Selbstgleiche, Unentstandene und Unvergängliche, zweitens das Gleichnamige, sinnlich Wahrnehmbare und Entstehende, welches immer in Bewegung ist.[1] Augenscheinlich ist hier mit der zweiten Art des Seienden die Erscheinungswelt gemeint, welche er mit dem ephesischen Philosophen in unablässiger Veränderung begriffen sein läſst,[2] mit der ersten aber die Ideen, das, was er, wie bemerkt, als das Objekt des wahren Seins konstatiert.

Was ist nun aber dieser wahre Gegenstand der Erkenntnis, nach Platon, die Ideen ihrem Wesen nach? Zunächst sind es die allgemeinen Begriffe seines groſsen Meisters, des Sokrates, welcher Platon unverkennbar die eigentliche Bahn zum philosophischen Idealismus gebrochen.[3] Das läſst sich aus bestimmten Ausdrücken unseres Philosophen mit absoluter Sicherheit behaupten. Werden sie doch im Theätet als das bezeichnet, was uns in den Gemeinbegriffen vorgestellt wird, das Allgemeine,[4] und ebenso im Phädros

---

[1] 51 D ff.

[2] Arist. Met. I, 6, 987 a „Ἐκ νέου τε γὰρ συνήθης γενόμενος Κρατύλῳ καὶ ταῖς Ἡρακλειτείοις δόξαις, ὡς ἁπάντων τῶν αἰσθητῶν ἀεὶ ῥεόντων καὶ ἐπιστήμης περὶ αὐτῶν οὐκ οὔσης, ταῦτα μὲν καὶ ὕστερον οὕτως ὑπέλαβεν κτλ.“; vgl. XII, 4, 1078b 12 ff. Tim. 49 B „Πρῶτον μὲν ὃ δὴ νῦν ὕδωρ ὠνομάκαμεν πηγνύμενον, ὡς δοκοῦμεν, λίθους καὶ γῆν γιγνόμενον ὁρῶμεν, τηκόμενον δὲ καὶ διακρινόμενον αὖ ταὐτὸν τοῦτο πνεῦμα καὶ ἀέρα, ξυγκαυθέντα δὲ ἀέρα πῦρ, ἀνάπαλιν δὲ πῦρ συγκριθὲν καὶ κατασβεσθὲν εἰς ἰδίαν τε ἀπιὸν αὖθις ἀέρος, καὶ πάλιν ἀέρα ξυνιόντα καὶ πυκνούμενον νέφος καὶ ὁμίχλην, ἐκ δὲ τούτων ἔτι μᾶλλον ξυμπιλουμένων ῥέον ὕδωρ, ἐξ ὕδατος δὲ γῆν καὶ λίθους αὖθις, κύκλον τε οὕτω διαδιδόντα εἰς ἄλληλα, ὡς φαίνεται, γένεσιν· οὕτω δὴ τούτων οὐδέποτε τῶν αὐτῶν ἑκάστων φανταζομένων, ποῖον αὐτῶν ὡς ὂν ὁτιοῦν τοῦτο καὶ οὐκ ἄλλο παγίως διισχυριζόμενος οὐκ αἰσχυνεῖταί τις ἑαυτόν; κτλ.“

[3] Sokrates versuchte bekanntlich zuerst über den Subjektivismus der Sophisten hinausgehend das Streben nach einer allgemeingültigen Wahrheit festzustellen. Er hielt fest an der Überzeugung, daſs durch das Nachdenken eine solche allgemeingültige Wahrheit gefunden werden könne, welche von jedem denkenden Subjekte gleichmäſsig und mit Notwendigkeit als wahr anzuerkennen sei. (Vgl. Überweg, Logik 5 S. 21.)

[4] 185 E ff.

(249 B δεῖ γὰρ ἄνθρωπον ξυνιέναι κατ᾽ εἶδος λεγόμενον ἐκ πολλῶν ἰὸν αἰσθήσεων εἰς ἕν λογισμῷ ξυναιρούμενον), im Sophistes (253 D Οὐκοῦν ὅ γε τοῦτο δυνατὸς δρᾶν μίαν ἰδέαν διὰ πολλῶν, ἑνὸς ἑκάστου κειμένου χωρίς, πάντη διατεταμένην ἱκανῶς διαισθάνεται κτλ. 254 A „Ὁ δέ γε φιλόσοφος, τῇ τοῦ ὄντος ἀεὶ διὰ λογισμῶν προσκείμενος ἰδέᾳ κτλ.), im Parmenides,[1]) im Philebos,[2]) in der Republik[3]) u. a. Dialogen. In der Republik sagt Platon ausdrücklich, die Idee sei das, was vielen gleichnamigen Dingen gemeinsam ist (εἶδος γάρ πού τι ἓν ἕκαστον εἰώθαμεν τίθεσθαι περὶ ἕκαστα τὰ πολλά, οἷς ταὐτὸν ὄνομα ἐπιφέρομεν),[4]) also das ἓν ἐπὶ πολλῶν, wie sie Aristoteles bezeichnet.[5]) Stellt man aber die Frage auf, ob die platonischen Ideen etwas Subjektives oder Objektives seien, so läfst es sich nicht verkennen, dafs die Ausdrucksweise des Philosophen das Erstere ausschliefst. Er will das Allgemeine als etwas für sich Seiendes wissen. Er sagt im Parmenides: ἔστι γένος τι ἑκάστου καὶ οὐσία αὐτὴ καθ᾽ αὑτήν,[6]) und bezeichnet die Ideen als etwas Transscendentes,[7]) welches von der Mannigfaltigkeit und den Gegensätzen der Erscheinung nicht berührt wird.[8]) Ferner werden sie als die Urbilder gekennzeichnet, wonach Gott hinblickend die Welt bildet,[9]) der Mensch die künstlichen Produkte hervorbringt,[10]) und nach welchen (ethischen Ideen) er sein Leben einrichten mufs.[11]) Übrigens weist Platon auch ausdrücklich eine subjektive Auffassung der Ideen zurück. Heifst es doch im Parmenides: οἶμαι ἂν καὶ σὲ καὶ ἄλλον, ὅστις αὐτὴν τινα καθ᾽ αὑτὴν ἑκάστου οὐσίαν τίθεται εἶναι, ὁμολογῆσαι ἂν πρῶτον μὲν μηδεμίαν αὐτῶν εἶναι ἐν ἡμῖν. Πῶς γὰρ ἂν αὐτὴ καθ᾽ αὑτὴν ἔτι εἴη;[12]) und im Symposion wird

---

[1]) 132 C. 135 A.
[2]) 15 D.
[3]) VI, 507 B.
[4]) X, 596 A.
[5]) Met. I, 9. 990 b 6. XIII, 4. 1079 a 2.
[6]) 135 A.
[7]) 130 B „χωρὶς μὲν εἴδη αὐτὰ ἄττα, χωρὶς δὲ τὰ τούτων αὖ μετέχοντα‟ — „ἀνθρώπου εἶδος χωρὶς ἡμῶν καὶ τῶν οἷοι ἡμεῖς ἐσμεν πάντων‟. Vgl. Arist., Met. XIII, 4. 1078 b 30.
[8]) Rep. VI, 485 B „ἐκείνης τῆς οὐσίας τῆς ἀεὶ οὔσης καὶ μὴ πλανωμένης ὑπὸ γενέσεως καὶ φθορᾶς‟, vgl. Symp. 211 B.
[9]) Tim. 28 A. 29 A.
[10]) Kratyl. 386 D. 389 A. Phil. 62 A. Rep. X, 596 B.
[11]) Rep. VII, 540 A. Euthyphron 6 D f. Theät. 176 E. Rep. IX, 592 A f.
[12]) 133 C.

die Idee des an sich Schönen folgendermaßen beschrieben: *οὐδέ τις λόγος (ἐστὶν αὐτὸ τὸ καλόν), οὐδέ τις ἐπιστήμη, οὐδέ που ὄν ἐν ἑτέρῳ τινὶ οἷον ἐν ζῴῳ ἢ ἐν γῇ ἢ ἐν οὐρανῷ ἢ ἔν τῳ ἄλλῳ, ἀλλὰ αὐτὸ καθ᾽ αὑτὸ μεθ᾽ αὑτοῦ μονοειδὲς ἀεὶ ὄν κτλ.*[1])

Gleichwohl lassen uns gewisse Bestimmungen Platons mit hoher Wahrscheinlichkeit schließen, daß die Ideen nichts weiter sind, als Typen, welche der Philosoph als das Vollkommenste betrachtet und denen er die anderen Dinge nachgebildet werden läfst, und Normen (die ethischen Ideen) des sittlichen Lebens. So z. B. wenn er in der Republik ein Vorbild seines Staates als Idee des vollkommensten Staates im Himmel („*ἐν ᾗ νῦν διήλθομεν οἰκίζοντες πόλει λέγεις, τῇ ἐν λόγοις κειμένῃ, ἐπεὶ γῆς γε οὐδαμοῦ οἶμαι αὐτὴν εἶναι. Ἀλλ᾽, ἦν δ᾽ ἐγώ, ἐν οὐρανῷ ἴσως παράδειγμα ἀνάκειται τῷ βουλομένῳ ὁρᾶν καὶ ὁρῶντι ἑαυτὸν κατοικίζειν*"[2]), und im Theätet Vorbilder von zwei Leben annimmt.[3]) Indessen eine sichere Lösung dieser Frage wird sich im weiteren Verlauf dieser Abhandlung möglich machen.

Nach dieser Auseinandersetzung ergibt sich also bereits zur Genüge, daß jede Idee zu Anfang ein allgemeiner Begriff ist, den Platon sich in der Folge als etwas für sich Seiendes denkt (*αὐτὰ καθ᾽ αὑτά*). Er nennt sie etwas Unkörperliches (*ἀσώματον*),[4]) Übersinnliches und Unsichtbares,[5]) was wir mit dem Denken nur zu erfassen vermögen,[6]) und zwar wenn unsere Seele ohne die Sinne zu gebrauchen für sich nachdenkt.[7]) Als Haupteigenschaft legt er

---

[1]) 211 A.

[2]) Rep. IX, 592 A f.

[3]) 176 E.

[4]) Phaidon 85 E. Symposion 211 A.

[5]) Phaidon 85 E. 65 D *ἀειδῆ καὶ οὐχ ὁρατά.* Rep. VI, 507 C *τὰς δ᾽ αὖ ἰδέας νοεῖσθαι μέν, ὁρᾶσθαι δ᾽ οὔ*, VII, 517 B. 529 B *τὸ ὄν τε καὶ τὸ ἀόρατον.* Tim. 52 A *ἀόρατον καὶ ἄλλως ἀναίσθητον.*

[6]) Phaidros 247 C „*ἡ γὰρ ἀσώματός τε καὶ ἀσχημάτιστος καὶ ἀναφὴς οὐσία κυβερνήτῃ μόνῳ θεατὴ νῷ*". Parm. 132 C. 135 A. Phaidon. 65 E f. 79 A „*οὐκοῦν τούτων μὲν (τῶν πολλῶν) κἂν ἅψαιο κἂν ἴδοις κἂν ταῖς ἄλλαις αἰσθήσεσιν αἴσθοιο, τῶν δὲ κατὰ ταὐτὰ ἐχόντων οὐκ ἔστιν ὅτῳ ποτ᾽ ἂν ἄλλῳ ἐπιλάβοιο ἢ τῷ τῆς διανοίας λογισμῷ, ἀλλ᾽ ἔστιν ἀειδῆ τὰ τοιαῦτα καὶ οὐχ ὁρατά; Παντάπασιν, ἔφη, ἀληθῆ λέγεις*". 80 B, 81 B, 83 B *νοητόν τε καὶ ἀειδές.* Rep. VI, 507 B, 510 E f. u. o. Tim. 48 E, 51 D, 52 A.

[7]) Phaidon 65 E, 79 D „*ὅταν δέ γε αὐτὴ καθ᾽ αὑτὴν σκοπῇ, ἐκεῖσε οἴχεται εἰς τὸ καθαρόν τε καὶ ἀεὶ ὄν καὶ ἀθάνατον καὶ ὡσαύτως ἔχον καὶ ὡς συγγενὴς οὖσα αὐτοῦ μετ᾽ ἐκείνου τε γίγνεται, ὅταν περ αὐτὴ καθ᾽*

ihnen bei, daſs sie unbeweglich und unveränderlich sind und ewig in einer Gestalt bleiben,[1]) während die Sinnendinge Jenen nachgebildet unaufhörlich entstehen und vergehen.[2]) Indem er sie ferner mit der pythagoreischen Lehre von der Präexistenz der Seele, ihren Wanderungen u. s. w. in Zusammenhang bringt, erklärt er sie im bekannten Mythus des Phaidros in einer schwungvollen Sprache, als etwas Farb-, Gestalt- und Körperloses an einem Orte jenseits des Himmelsgewölbes (ἔξω τοῦ οὐρανοῦ, ὑπερουράνιος τόπος) Thronendes, welches die Götter und die Seelen der Menschen vor dem jetzigen Leben angeschaut haben sollen, so die Gerechtigkeit, Besonnenheit, Wissenschaft u. s. w.[3]) Dadurch erklärt er offenbar die Thatsache des Lernens als eine Wiedererinnerung dessen, was die Seele in jener früheren Existenz gesehen habe (Phaidros, Menon, Phaidon).[4]) Nach Phaidon sollen die Seelen der wahren Philosophen die Ideen nach dem Tode wiedersehen.[5])

2. Angebliche Wirksamkeit der Ideen.

Hat sich nunmehr gezeigt, was die platonischen Ideen ihrem Wesen nach sind, so wäre weiterhin zu fragen, welche Stellung sie im System unseres Philosophen einnehmen, und welches das Verhältnis derselben zu den Sinnendingen ist.

Die sichtbaren Dinge, antwortet Platon hierauf, sind das, was sie sind, durch Teilnahme an den Ideen,[6]) welche darin besteht, daſs

---

αὐτὴν γένηται καὶ ἐξῇ αὐτῇ καὶ πέπαυταί τε τοῦ πλάνου καὶ περὶ ἐκεῖνα ἀεὶ κατὰ ταὐτὰ ὡσαύτως ἔχει, ἅτε τοιούτων ἐφαπτομένη καὶ τοῦτο τὸ πάθημα αὐτῆς φρόνησις κέκληται; Παντάπασιν, ἔφη, καλῶς καὶ ἀληθῆ λέγεις, ὦ Σώκρατες".

[1]) Kratyl. 386 A. E. Soph. 249 B. Phaid. 78 D, 79 D. E, 80 B. Rep. V, 479 A. VI, 484 B, 500 C. Tim. 38 A τὸ ἀεὶ κατὰ ταὐτὰ ἔχον ἀκινήτως u. o.

[2]) Tim. 52 A u. o. Phaid. 78 D, 79 A. Symp. 211 B.

[3]) Phaidr. 247 C f.

[4]) Phaidr. 249 B „δεῖ γὰρ ἄνθρωπον ξυνιέναι κατ' εἶδος λεγόμενον, ἐκ πολλῶν ἰὸν αἰσθήσεων εἰς ἓν λογισμῷ ξυναιρούμενον· τοῦτο δέ ἐστιν ἀνάμνησις ἐκείνων, ἅ ποτ' εἶδεν ἡμῶν ἡ ψυχὴ συμπορευθεῖσα θεῷ καὶ ὑπεριδοῦσα ἃ νῦν εἶναί φαμεν, καὶ ἀνακύψασα εἰς τὸ ὄντως ὄν". Menon 80 D ff. Phaid. 72 E f. 75 B f.

[5]) 66 D f.

[6]) Symp. 211 B. Phaid. 100 C „ἐάν τίς μοι λέγῃ, δι' ὅτι καλόν ἐστιν ὁτιοῦν, ἢ χρῶμα εὐανθὲς ἔχον ἢ σχῆμα ἢ ἄλλο ὁτιοῦν τῶν τοιούτων ... ὅτι οὐκ ἄλλο τι ποιεῖ αὐτὸ καλὸν ἢ ἡ ἐκείνου τοῦ καλοῦ εἴτε παρουσία εἴτε

2

sie den Ideen ähnlich werden, ihre Form und Gestalt haben, solange sie existieren. Im Phaidon heißt es: *„μὴ μόνον αὐτὸ τὸ εἶδος
ἀξιοῦσθαι τοῦ αὐτοῦ ὀνόματος εἰς τὸν ἀεὶ χρόνον, ἀλλὰ καὶ ἄλλο
τι, ὃ ἔστι μὲν οὐκ ἐκεῖνο, ἔχει δὲ τὴν ἐκείνου μορφήν, ὅταν περ
ᾖ.“*[1]) Wie verhalten sich nun aber die Ideen bei der Teilnahme,
und wer bewirkt diese letztere? Die platonischen Schriften geben
uns hierüber folgenden Aufschluß. In der bekannten Beschreibung
der Idee des Schönen im Symposion, welche freilich für jede Idee
gilt, wird deutlich gesagt, daß die Teilnahme der vielen schönen
Dinge an dem Schönen an sich so geschieht, daß, indem die Einzel-
schönen entstehen und vergehen, jene Idee des Schönen weder
größer noch kleiner wird, noch sonst etwas leidet.[2]) Wirkende
Ursache aber, welche die Dinge den Ideen nachbildet und die Ge-
meinschaft oder Gegenwart in den Dingen (παρουσία, κοινωνία) zu
stande bringt, ist etwas von den Ideen ganz Verschiedenes, und
zwar Gott und die Weltseele mit den Gestirnen betreffs der Naturdinge,[3]) betreffs der Kunsterzeugnisse aber die Menschen,[4]) die auch
die ethischen Ideen im Leben verwirklichen.[5]) Demgemäß sind die

κοινωνία [εἴτε] ὅπῃ δὴ καὶ ὅπως προσγενομένη". Parm. 129 A, 130 E.
Tim. 50 C u. a. Arist. Met. I, 6. 937 b 9 „κατὰ μέθεξιν γὰρ εἶναι τὰ πολλὰ
τῶν συνωνύμων τοῖς εἴδεσιν".

[1]) 103 E.

[2]) 211 B „τὰ δὲ ἄλλα πάντα καλὰ ἐκείνου μετέχοντα τρόπον τινὰ
τοιοῦτον, οἷον γιγνομένων τε τῶν ἄλλων καὶ ἀπολλυμένων μηδὲν ἐκεῖνο
μήτε τι πλέον μήτε ἔλαττον γίγνεσθαι μηδὲ πάσχειν μηδέν".

[3]) Tim. 28 A „Ὅτου μὲν οὖν ἂν ὁ δημιουργὸς πρὸς τὸ κατὰ ταὐτὰ ἔχον
βλέπων ἀεί, τοιούτῳ τινὶ προσχρώμενος παραδείγματι, τὴν ἰδέαν καὶ δύναμιν
αὐτοῦ ἀπεργάζηται, καλὸν ἐξ ἀνάγκης οὕτως ἀποτελεῖσθαι πᾶν κτλ". 29 A.
Vgl. 41 B f. Soph. 265 C. Phileb. 29 A ff.

[4]) Kratyl. 389 A „Τί δέ; ἂν καταγῇ αὐτῷ ἡ κερκὶς ποιοῦντι, πότερον
πάλιν ποιήσει ἄλλην πρὸς τὴν κατεαγυῖαν βλέπων ἢ πρὸς ἐκεῖνο τὸ εἶδος,
πρὸς ὅπερ καὶ ἣν κατέαξεν ἐποίει; πρὸς ἐκεῖνο ἔμοιγε δοκεῖ. Οὐκοῦν
ἐκεῖνο δικαιότατ' ἂν αὐτὸ ὅ ἐστι κερκὶς καλέσαιμεν; Ἔμοιγε δοκεῖ."
— C „Καὶ περὶ τῶν ἄλλων ὀργάνων ὁ αὐτὸς τρόπος κτλ." Rep. X, 596 B
„Ἀλλὰ ἰδέαι γέ που περὶ ταῦτα τὰ σκεύη δύο, μία μὲν κλίνης, μία δὲ
τραπέζης. Ναί. Οὐκοῦν καὶ εἰώθαμεν λέγειν ὅτι ὁ δημιουργὸς ἑκατέρου
τοῦ σκεύους πρὸς τὴν ἰδέαν βλέπων οὕτω ποιεῖ ὁ μὲν κλίνας, ὁ δὲ τραπέζας,
αἷς ἡμεῖς χρώμεθα, καὶ τἄλλα κατὰ ταὐτά; κτλ." Vgl. Phileb. 62 A f.

[5]) Euthyphron 6 E „Ταύτην τοίνυν με αὐτὴν δίδαξον τὴν ἰδέαν, τίς ποτέ
ἐστιν, ἵνα εἰς ἐκείνην ἀποβλέπων καὶ χρώμενος αὐτῇ παραδείγματι, ὃ μὲν
ἂν τοιοῦτον ᾖ ὧν ἂν ἢ σὺ ἢ ἄλλος τις πράττῃ, φῶ ὅσιον εἶναι, ὃ δ' ἂν μὴ
τοιοῦτον μὴ φῶ". Gorg. 507 D. Rep. VII, 540 „Ἰδόντας τὸ ἀγαθὸν αὐτό,

Ideen nur das formale Prinzip; daher heifsen sie wiederholt *παραδείγματα*,[1]) während die einzelnen *ὁμοιώματα*,[2]) *μιμήματα*,[3]) *εἰκό-
νες*,[4]) *ὁμώνυμα*[5]) genannt werden.

Indessen hat Zeller neuerdings die Ansicht zum Ausdruck gebracht, dafs Platon nur die Ideen als das allein wahrhaft Seiende
betrachte, dafs er die wirkende Kraft und die zweckmäfsig bildende
Vernunft teils den Ideen überhaupt, teils insbesondere der höchsten
Idee, der des Guten, beilege; die Ideen seien die Ursache schlechter-
dings, und wenn der Philosoph neben ihnen der Gottheit bedurfte,
wie im Timaius, so führte er sie ohne Beweis und nähere Bestim-
mung als Glaubensvoraussetzung ein.[6]) Diese seine Meinung sucht
Zeller auf die Dialoge Sophistes, Phaidon, Philebos und Republik
zu gründen. Ob sie aber richtig ist, wollen wir im Folgenden an
den betreffenden Stellen der genannten Dialoge untersuchen.

A. Sophistes.

Um wirkende Ursachen zu sein, müssen die Ideen schöpferische
Thätigkeit haben; es mufs ihnen also Bewegung nach aufsen zu-
kommen. Zeller findet, dafs eine solche Thätigkeit den Ideen von
Platon im Dialog Sophistes zugeschrieben werde. Sehen wir ob mit
Recht.

In der betreffenden Sophistesstelle handelt es sich um das
Wesen des Seins. Nachdem der eleatische Gastfreund, der Führer
dieses Dialogs, im Vorangehenden (242 ff.) die verschiedenen Ansichten über das Seiende untersucht und gezeigt, dafs weder eine

---

*παραδείγματι χρωμένους ἐκείνῳ καὶ πόλιν καὶ ἰδιώτας καὶ ἑαυτοὺς κοσμεῖν
κτλ."* IX, 592 A. Theät. 176 E „*Παραδειγμάτων, ὦ φίλε, ἐν τῷ ὄντι ἑστώτων,
τοῦ μὲν θείου, εὐδαιμονεστάτου, τοῦ δὲ ἀθέου ἀθλιωτάτου οὐχ ὁρῶντες
ὅτι οὕτως ἔχει ὑπὸ ἠλιθιότητός τε καὶ τῆς ἐσχάτης ἀνοίας λανθάνουσι τῷ
μὲν ὁμοιούμενοι διὰ τὰς ἀδίκους πράξεις, τῷ δὲ ἀνομοιούμενοι"*.

[1]) Tim. 28 A, 37 C, 49 A „*μίμημα παραδείγματος"*. Theät. 176 E.
Parm. 132 D.

[2]) Parm. 132 D *τὰ μὲν εἴδη ταῦτα ὥσπερ παραδείγματα ἑστάναι ἐν τῇ
φύσει, τὰ δ' ἄλλα τούτοις ἐοικέναι καὶ εἶναι ὁμοιώματα.* Phaidr. 250 A B.
Tim. 51 A *ἀφομοιώματα τῶν ἀεὶ ὄντων.*

[3]) Tim. 49A, 50C, 51B, vgl. Phaidr. 251A *κάλλος εὖ μεμιμημένον.*

[4]) Tim. 29B, 92B. Phaidr. 250B *ἐπὶ τὰς εἰκόνας ἰόντες θεῶνται τὸ
τοῦ εἰκασθέντος γένος.*

[5]) Tim. 52A. Phaid. 78E. Parm. 133 D.

[6]) Phil. d. Gr. II¹, 1. 686 ff. 717 u. ö.

Mehrheit von Urstoffen (wie viele von den Naturphilosophen aufstellten), noch eine Einheit ohne alle Vielheit (wie die Eleaten wollten) angenommen werden könne, kommt er (245 E ff.) auf zwei entgegengesetzte Richtungen, die sich bekämpfen, die der Materialisten und der Idealisten (εἰδῶν φίλοι). Die ersteren behaupten, es sei nur das, was sich irgendwie anfassen und berühren lasse, und erklären Körper und Wesenheit für dasselbe, verachten aber die anderen, falls jemand sagt, daß etwas sei, was keinen Körper hat, und wollen von etwas anderem nichts hören.[1]) Die letzteren dagegen streiten mit den eben genannten und suchen nachzuweisen, die wahre Wesenheit bestehe in gewissen unkörperlichen Gattungen, die mit dem Denken zu erfassen seien, die Körper der ersteren aber lassen sie nur für ein in Bewegung begriffenes Werden gelten.[2]) Unser Philosoph stellt den ersteren gegenüber fest, daß außer der Materie auch etwas Unkörperliches existieren müsse, wie die Tugenden (Gerechtigkeit, Besonnenheit u. s. w.) und ihre Gegensätze, die weder greifbar, noch sichtbar seien.[3])

Das Seiende definiert hier Platon folgendermaßen: „Λέγω δὴ τὸ καὶ ὁποιανοῦν δύναμιν κεκτημένον εἴτ' εἰς τὸ ποιεῖν ἕτερον ὁτιοῦν εἴτ' εἰς τὸ παθεῖν καὶ σμικρότατον ὑπὸ τοῦ φαυλοτάτου, κἂν εἰ μόνον εἰς ἅπαξ, πᾶν τοῦτο ὄντως εἶναι· τίθεμαι γὰρ ὅρον ὁρίζειν τὰ ὄντα, ὡς ἔστιν οὐκ ἄλλο τι πλὴν δύναμις",[4]) sonach als etwas, welches die Eigenschaft des Thuns oder Leidens hat. Aus dem Worte δύναμις hat man den Versuch gemacht, herauszulesen, daß den Ideen eine wirkende Kraft von Platon beigelegt werde.[5]) Daß aber dies ungerechtfertigt ist, liegt, meinen wir, am Tage. Denn δύναμις εἰς τὸ παθεῖν ist keineswegs etwas wirkendes, son-

---

[1]) 246 A διισχυρίζονται τοῦτο εἶναι μόνον, ὃ παρέχει προσβολὴν καὶ ἐπαφήν τινα, ταὐτὸν σῶμα καὶ οὐσίαν ὁριζόμενοι κτλ. Vgl. Theät. 155 E.

[2]) 246 B „Τοιγαροῦν οἱ πρὸς αὐτοὺς ἀμφισβητοῦντες μάλα εὐλαβῶς ἄνωθεν ἐξ ἀοράτου ποθὲν ἀμύνονται, νοητὰ ἄττα καὶ ἀσώματα εἴδη βιαζόμενοι τὴν ἀληθινὴν οὐσίαν εἶναι κτλ."

[3]) 246 E ff.

[4]) 247 A f. Daß die Worte Platons „ἴσως γὰρ ἂν εἰς ὕστερον ἡμῖν τε καὶ τούτοις ἕτερον ἂν φανείη" (247 E) hinzugefügt sind, um die Geltung der vorangegangenen Definition einzuschränken, wie Apelt meint (Neue Jahrb. f. Philol. u. Pädag. B. 151 [1895] S. 287 f.), scheint uns nicht richtig, wir stimmen dagegen Zeller bei, dem zufolge es unserem Philosophen hier voller Ernst mit seiner Definition ist (Arch. f. Gesch. d. Phil. VIII, 127 ff.).

[5]) Zeller II[4], 1. 689, 3.

dern nur eine Eigenschaft, etwas zu leiden. Wie in der Republik
(VI, 509 B) δύναμις τοῦ ὁρᾶσθαι nichts weiter ist, als die Eigenschaft das zu leiden, geschen zu werden, so ist auch in dieser Stelle
δύναμις εἰς τὸ παθεῖν gleich τὸ πάσχειν, πάθος. In demselben
Sinne, wie δύναμις εἰς τὸ παθεῖν hier, wird im Euthyphron πάθος
gebraucht. Es heißt nämlich dort: „καὶ κινδυνεύεις, ὦ Εὐθύφρον,
ἐρωτώμενος τὸ ὅσιον, ὅτι ποτ' ἐστι, τὴν μὲν οὐσίαν μοι αὐτοῦ οὐ
βούλεσθαι δηλῶσαι, πάθος δέ τι περὶ αὐτοῦ λέγειν, ὅτι πέ-
πονθε τοῦτο τὸ ὅσιον, φιλεῖσθαι ὑπὸ πάντων θεῶν· εἰ
οὖν σοι φίλον, μή με ἀποκρύψῃ, ἀλλὰ πάλιν εἰπὲ ἐξ ἀρχῆς, τί
ποτε ὂν τὸ ὅσιον εἴτε φιλεῖται ὑπὸ θεῶν εἴτε ὁτιδὴ πάσχει."[1]

Überdem spricht für unsere Meinung auch die folgende Auseinandersetzung betreffs der Idealisten. Nach der obigen Fest-
stellung geht nämlich der Philosoph zu den Vertretern der zweiten
Richtung über, welche behaupten, wie bereits erwähnt, daß eines-
teils ein im Wandel begriffenes Werden existiere, das wir mittels
des Körpers wahrnehmen, andernteils aber eine Wesenheit, die stets
sich ähnlich ist, und die wir mittels der Seele durch das Denken
erfassen. Sie legen die Kraft des Wirkens und Leidens allein der
Erscheinungswelt bei, keine aber dem Sein. Er erwidert: da sie
auch einräumen, daß die Seele erkennt, das Sein aber erkannt
werde, und ferner daß, wenn das Erkennen ein Thun ist, das Erkanntwerden ein Leiden sein müsse, so sei dieser Behauptung zufolge notwendig, daß das Sein, sofern es erkannt wird, leide und
infolgedessen in Bewegung gesetzt werde.[2] Hieraus erhellt, daß
dem Sein (οὐσία) nur das Vermögen zuerkannt wird, bewegt zu
werden, insofern es erkannt wird (καθ' ὅσον γιγνώσκεται, κατὰ
τοσοῦτον κινεῖσθαι διὰ τὸ πάσχειν.

Während aber im bisherigen der οὐσία (Ideen) keine wirkende
Thätigkeit zugeschrieben wurde, ist im folgenden die Rede von
Bewegung, Leben, Seele und Denken eines παντελῶς ὄν. „Τί δὲ
πρὸς Διός; heißt es da, ὡς ἀληθῶς κίνησιν καὶ ζωὴν καὶ ψυχὴν καὶ
φρόνησιν ἦ ῥᾳδίως πεισθησόμεθα τῷ παντελῶς ὄντι μὴ παρεῖναι,
μηδὲ ζῆν αὐτὸ μηδὲ φρονεῖν, ἀλλὰ σεμνὸν καὶ ἅγιον νοῦν οὐκ ἔχον
ἀκίνητον ἑστὸς εἶναι; Δεινὸν μέντ' ἄν, ὦ ξένε, λόγον συγχωροῖμεν.
Ἀλλὰ νοῦν μὲν ἔχειν, ζωὴν δὲ μὴ φῶμεν; Καὶ πῶς; Ἀλλὰ ταῦτα

[1] 11 A f.
[2] 248 D f.

μὲν ἀμφότερα ἐνόντ' αὐτῷ λέγομεν, οὐ μὴν ἐν ψυχῇ γε ἡ ἥσομεν
αὐτὸ ἔχειν αὐτά; Καὶ τίν' ἂν ἕτερον ἔχοι τρόπον; Ἀλλὰ δῆτα νοῦν
μὲν καὶ ζωὴν καὶ ψυχὴν, ἀκίνητον μέντοι τὸ παράπαν ἔμψυχον
ὂν ἑστάναι; Πάντα ἔμοιγε ἄλογα ταῦτ' εἶναι φαίνεται".[1] Was
aber ist nun unter dem παντελῶς ὂν zu verstehen? Es wird allgemein angenommen, daſs es die Gesamtheit der Ideen sei und daſs
dies von Platon gegen die Megariker behauptet werde. So zuerst
Schleiermacher,[2] dem u. a. Ast,[3] Brandis,[4] Stallbaum,[5] Susemihl,[6]
Steinhart,[7] Prantl,[8] Bonitz,[9] Zeller[10] zustimmen.

Zeller meint, Platon bekämpfe hier die Lehre der Megariker
und behaupte, daſs die Ideen etwas seien, welches Bewegung, Leben,
Seele und Denken habe, und erschlieſst daraus, daſs ihnen auch eine
Wirkung nach auſsen zukomme, eine schöpferische Kraft.[11]

Mit dieser Auffassung indessen stoſsen wir auf unlösbare
Schwierigkeiten. Steht doch vorerst eine Bewegung der Ideen nicht
im Einklang mit der Lehre Platons, die uns in seinen Dialogen
vorliegt, und den wiederholten Zeugnissen des Aristoteles, wonach
dieselben unbewegt und unveränderlich sind,[12] um davon nicht zu

---

[1] 248E f.
[2] Plato-Übers. V, 2. 140 f.
[3] Platons Lehre u. Schr. 201.
[4] I, 114 ff.
[5] Plat. Parm. 60 f. Soph. 9 f.
[6] Genet. Entw. I, 299.
[7] Plat. WW. III, 204. 554 u. a.
[8] Gesch. d. Log. I, 37 f.
[9] Plat. Stud. 192.;
[10] Phil. d. Gr. II⁴, 1. 252, 2. Sitzungsber. d. Berl. Akad. 1887 S. 212.
[11] II⁴, 1. 698 ff.
[12] Unzähligemale werden die Ideen in den plat. Dialogen für etwas Unveränderliches und Unbewegtes erklärt. Vgl. Phaid. 78D: „αὐτὸ τὸ ἴσον, αὐτὸ
τὸ καλόν, αὐτὸ ἕκαστον, ὃ ἔστι τὸ ὄν, μήποτε μεταβολὴν καὶ ἡντινοῦν
ἐνδέχεται; ἢ ἀεὶ αὐτῶν ἕκαστον, ὃ ἔστι, μονοειδὲς ὂν αὐτὸ καθ' αὐτό,
ὡσαύτως κατὰ ταὐτὰ ἔχει καὶ οὐδέποτε οὐδαμῇ οὐδαμῶς ἀλλοίωσιν οὐδεμίαν
ἐνδέχεται; ὡσαύτως, ἔφη, ἀνάγκη, ὁ Κέβης, κατὰ ταὐτὰ ἔχειν, ὦ Σώκρατες."
79D. E. 80B: „τῷ θείῳ καὶ ἀθανάτῳ καὶ νοητῷ καὶ μονοειδεῖ καὶ ἀδιαλύτῳ
καὶ ἀεὶ ὡσαύτως κατὰ ταὐτὰ ἔχοντι". Rep. V, 479A: αὐτὸ τὸ καλὸν καὶ
ἰδέαν αὐτοῦ κάλλος ἀεὶ μὲν κατὰ ταὐτὰ ὡσαύτως ἔχουσαν. E: ἀεὶ κατὰ
ταὐτὰ ὡσαύτως ὄντα. VI, 484B: φιλόσοφοι μὲν οἱ τοῦ ἀεὶ κατὰ ταὐτὰ
ὡσαύτως ἔχοντος δυνάμενοι ἐφάπτεσθαι. VI, 500C. Symp. 211 μηδὲ πάσχειν
(τὸ καλὸν) μηδέν. Tim. 28A. 29A.B. 38A τὸ ἀεὶ κατὰ ταὐτὰ ἔχον ἀκινήτως.

reden, daſs die Ideen schon als gleichbleibender Gegenstand der Erkenntnis unveränderlich und beharrlich sein müssen, da sonst die Erkenntnis undenkbar wäre, wie Platon im Kratylos bestimmt und unzweideutig ausführt, wo es heiſst: „Πῶς οὖν ἂν εἴη τι ἐκεῖνο, ὃ μηδέποτε ὡσαύτως ἔχει; εἰ γάρ ποτε ὡσαύτως ἴσχει, ἔν γ᾽ ἐκείνῳ τῷ χρόνῳ δῆλον ὅτι οὐδὲν μεταβαίνει· εἰ δὲ ἀεὶ ὡσαύτως ἔχει καὶ τὸ αὐτό ἐστι, πῶς ἂν τοῦτό γε μεταβάλλοι ἢ κινοῖτο, μηδὲν ἐξιστάμενον τῆς ἑαυτοῦ ἰδέας; Οὐδαμῶς. Ἀλλὰ μὴν οὐδ᾽ ἂν γνωσθείη γε ὑπ᾽ οὐδενός κτλ.“[1]) Diese Schwierigkeit sieht auch Zeller ein, meint aber, daſs Platon keinen Aufschluſs darüber gegeben habe.[2]) Stumpfs Erklärung, wonach den Ideen in Platons Sinne nur die Selbstbewegung zukommen solle, in der das Leben, Bewegen und Denken bestehe, nicht aber bewegende oder wirkende Kraft in Bezug auf anderes,[3]) welcher auch Apelt folgt,[4]) hebt nicht die Schwierigkeit; denn es läſst sich nicht leugnen, daſs wenn das παντελῶς ὄν die Ideenwelt bezeichnet, sie auch eine Bewegung nach auſsen besitzen kann, wenn ihr eine Seele zukommt, welche nach Phaidros ἀρχή κινήσεως ist.[5]) Gegen die Zellersche Ansicht spricht ferner das Moment, daſs von einer Beseeltheit der Ideen weder im vorangehenden Teil des Sophistes, noch im folgenden die Rede ist, daſs vielmehr vom logischen Standpunkte aus von einer κοινωνία τῶν γενῶν, von einem Verhältnis der Coordination und Subordination derselben gesprochen wird. Hierzu kommt, und das ist von groſser Erheblichkeit, daſs Platon im weiteren Verlauf des Dialogs alles Lebende und alle Pflanzen und alles andere auf der Erde durch die schöpferische Kraft Gottes entstehen läſst,[6]) also nicht etwa durch die Ideen.

Kratyl. 366 E. 439 E. Phileb. 58 A. 59 C. Aristot. Met. XIV, 4. 1091 b „τῶν δὲ τὰς ἀκινήτους οὐσίας εἶναι λεγόντων“. Vgl. I, 7. 988 b. 9. 991 a.

[1]) 439 E ff. Vgl. auch Soph. 249 D „Τὸ κατὰ ταὐτὰ καὶ ὡσαύτως καὶ περὶ τὸ αὐτὸ δοκεῖ σοι χωρὶς στάσεως γενέσθαι ποτ᾽ ἄν; Οὐδαμῶς· Τί δ᾽ ἄνευ τούτων νοῦν καθορᾷς ὄντα ἢ γενόμενον ἂν καὶ ὁπουοῦν; Ἥκιστα.“

[2]) Phil. d. Gr. II[4], 1. 696. 715, 2. Sitzungsber. der Berl. Akademie 1887 S. 213 f.

[3]) Verhältn. d. plat. Gottes zur Idee des Guten S. 19.

[4]) Neue Jahrb. f. Philol. u. Pädag. B. 151 (1895) S. 262.

[5]) 245 C ff. Vgl. Zeller, II,[4] i. 689, 3. Archiv f. Gesch. d. Phil. VIII, 127 ff., X, 571.

[6]) 265 C „Ζῷα δὴ πάντα θνητὰ καὶ φυτά, ὅσα τ᾽ ἐπὶ γῆς ἐκ σπερμάτων καὶ ῥιζῶν φύεται καὶ ὅσα ἄψυχα ἐν γῇ ξυνίσταται σώματα τηκτὰ καὶ ἄτηκτα

Diese Schwierigkeiten wären genug, um den Anlaß zu bieten eine andere Lösung des Problems zu suchen. Teichmüller meint, daß die Bewegung, das Leben, die Seele und die Vernunft nicht den Ideen, sondern dem All zugewiesen werden,[1]) und derselben Meinung ist C. Ritter, demzufolge παντελῶς ὄν hier „das ὄν in all seiner Fülle, der κόσμος, jener ϑεὸς αἰσϑητὸς des Timaios" sei.[2]) Eher könnte man aber an etwas anderes denken.

Wir wissen, daß der Stifter der megarischen Schule, Euklides, nur eine Idee, die des Guten, als das Eine, das sich immer Gleiche bestimmte, auf das er die verschiedenen Namen Gott, Einsicht, Vernunft anwandte.[3]) Es erhebt sich deshalb die Frage, wie Platon hier die Megariker bekämpfen kann, wenn er von ἀσώματα εἴδη spricht. Zeller hilft der Schwierigkeit mit der Hypothese ab, daß, da Euklides zu seiner Einheitslehre von der sokratischen Philosophie gekommen sei, es möglich sei, daß auch er im Gegensatz zu den Materialisten an jedem Ding nur seine unkörperliche Form als das ‘Wirkliche betrachtet habe,[4]) im weiteren Verlauf aber alle diese Formen selbst wieder in die eine Substanz, das Gute zurückführte. Diese Hypothese halten wir auch nicht für unwahrscheinlich, möchten sie jedoch dahin modifizieren, daß Euklides von Anfang an das Gute als das Höchste ansah. Wir glauben weiterhin, daß, wenn Platon an dieser Stelle von den Megarikern spricht, er mit dem παντελῶς ὄν das meint, was sie Gott, Gut, Vernunft, Einsicht nannten. Dies scheint auch die Art und Weise anzudeuten, in welcher er auf die Besprechung des παντελῶς ὄν eingeht und der Ausruf: „Doch wie, beim Zeus? Sollen wir wirklich so leicht uns überreden lassen, das vollkommen Seiende entbehre der Bewegung, des Lebens, der Seele und Vernunft, es lebe und denke

μῶν ἄλλου τινὸς ἢ ϑεοῦ δημιουργοῦντος φήσομεν ὕστερον γίγνεσϑαι πρότερον οὐκ ὄντα ἢ τῷ τῶν πολλῶν δόγματι καὶ ῥήματι χρώμενοι — Ποίῳ; Τῷ τὴν φύσιν αὐτὰ γεννᾶν ἀπό τινος αἰτίας αὐτομάτης καὶ ἄνευ διανοίας φυούσης ἢ μετὰ λόγου τε καὶ ἐπιστήμης ϑείας ἀπὸ ϑεοῦ γιγνομένης; κτλ." Vgl. 266 B.

[1]) Stud. zur Gesch. d. Begr. 138.
[2]) Archiv f. Gesch. d. Phil. N. F. Bd. VI, 1 (1897) S. 46.
[3]) Diog. Laert. II, 106 οὗτος (Εὐκλείδης) ἓν τὸ ἀγαϑὸν ἀπεφαίνετο πολλοῖς ὀνόμασι καλούμενον· ὁτὲ μὲν γὰρ φρόνησιν, ὁτὲ δὲ ϑεὸν καὶ ἄλλοτε νοῦν καὶ τὰ λοιπά· τὰ δ' ἀντικείμενα τῷ ἀγαϑῷ ἀνήρει μὴ εἶναι φάσκων. Vgl. Cic. Acad. II, 42.
[4]) II¹, 1. 252, 3. Sitzungsber. d. Berl. Akad. (1887) S. 209.

nicht, sondern sei ein Ehrwürdiges, Heiliges, Vernunftbares, unbeweglich Feststehendes?" Denn es klingt offenbar so, als ob er sagen wollte: selbst zugestanden, alle anderen εἴδη seien auf keine Weise bewegt, könnte man dennoch annehmen, daſs auch das παντελῶς ὄν, das Gute, keine Bewegung und Seele, kein Leben und Denken besitzt? Diese Vermutung ermöglicht uns also die Annahme, daſs Platon unter dem παντελῶς ὄν nicht die Ideen, sondern das höchste Prinzip seines Systems versteht, was er, von den Megarikern abweichend, für belebt hält, während er seinen Ideen, wie wir schon auseinandergesetzt haben, eine Bewegung zuschrieb, wiefern sie erkannt werden.

Ist unsere Vermutung richtig, dann stehen wir erstens mit der anderen Lehre des Sophistes (265 C ff.), sodann mit der der megarischen Schule, drittens mit der Lehre Platons von der Unbeweglichkeit der Ideen im Einklang; zudem brauchen wir nicht mit denjenigen, welche, an dem Überlieferten Anstoſs nehmend, das hier Gesagte den Megarikern nicht beilegen möchten, es auf irgend eine andere Schule zu beziehen, wie Ritter (auf eine sonst unbekannte Schule),[1] Mallet (auf die Pythagoreer),[2] Deussen (auf die Eleaten).[3]

Dadurch vermeiden wir auch die Schwierigkeiten, in welche Diejenigen geraten, die in diesem Dialoge eine frühere Form der platonischen Lehre sehen, die Platon bekämpfe. Denn, mag man dabei an Platoniker denken, die bei dieser früheren Gestalt stehen geblieben wären, oder an solche, die sie falsch aufgefaſst hätten[4]), es läſst sich immerhin kaum denken, daſs Platon eine Theorie, welche er selbst aufgestellt hätte, mit der Ironie behandeln könnte, mit welcher er die εἰδῶν φίλοι behandelt (246 AB τοιγαροῦν οἱ πρὸς αὐτοὺς ἀμφισβητοῦντες μάλα εὐλαβῶς ἄνωθεν ἐξ ἀοράτου ποθὲν ἀμύνονται, νοητὰ ἄττα καὶ ἀσώματα εἴδη βιαζόμενοι τὴν ἀληθινὴν οὐσίαν εἶναι κτλ.). Dazu kommt aber, daſs die Ideen

---

[1]) Rhein. Mus. II, 3. 205 ff.

[2]) Histoire de l'école de Mégare et des écoles d'Elis et d'Eretrie, Paris 1845. c. 34 f.

[3]) De Plat. Sophista, Marburg (1869) 44 f.

[4]) So Überweg, Unters. plat. Schr. 277 f. Grote, Plato II, 458 ff. III, 482. Campbell, The Sophistes and Politicus of Plato, Soph. LXXIV f. 125. R. Hirzel, Hermes, VIII, 128 u. a. C. Ritter (Archiv f. Gesch. d. Phil. N. F. IV. [1897] S. 18 ff.), der meint, Plato kritisiere im Sophistes eigene frühere Ansichten oder verbessere früher gebrauchte Ausdrücke, welche von den Megarikern miſsverstanden wären (S. 26 f.).

auch in den späteren Dialogen des Philosophen, sogar im Timaios
etwas Unveränderliches und Unbewegtes sind.[1]) Wenn daher
Windelband die Meinung vertritt, der Sophistes rühre von einem
dem Eleatismus nahestehenden Genossen der Akademie, der eine
frühere Phase der Philosophie Platons bekämpfe, und glaubt, dafs
die hier einer Kritik unterzogene Ideenlehre die im Symposion
dargelegte sei, welche der des Sophistes Zug um Zug und bis zu
wörtlicher Übereinstimmung entspreche, und meint ferner, dafs
Platon diese ältere Lehre, wonach die Ideen nicht Ursachen der
Erscheinungswelt seien, aufgebe und von nun an einräume, dafs
sie die Ursachen der Dinge seien, und diese spätere Lehre im
Phaidon, im Philebos und in den letzten Teilen der Republik finden
will[2]), so liegt auf der Hand, dafs eine solche Vermutung keinen
Anhaltspunkt hat; denn einerseits wird die Ideenlehre im Sophistes
augenfällig genau so dargestellt, wie im Timaios, wie ein Überblick
über die betreffenden Stellen ergibt[3]), andererseits aber sind die
Ideen, wie wir schon gesehen haben, auch im Phaidon und im
Philebos und in der Republik unbewegt. Es ist demnach unmöglich,
dafs hier von einer Berichtigung einer früheren Phase der platonischen Ideenlehre die Rede sei. Eher mufs man, wenn man der
Ansicht zuneigt, dafs die hier besprochene Lehre die platonische
sei, der Meinung entschlagen, dafs der Sophistes von Platon herrühre, und einräumen, dafs der Autor desselben, ein Gegner Platons,
die Lehre des Philosophen von den Ideen, wie sie in allen seinen
Dialogen vorliegt, bekämpft[4]).

---

[1]) Vgl. oben S. 14.

[2]) Gesch. d. alt. Phil. S. 85. 114.

[3])

Sophistes:

γένεσιν — οὐσίαν· καὶ σώματι
μὲν ἡμᾶς δι' αἰσθήσεως κοι-
νωνεῖν, διὰ λογισμοῦ δὲ ψυχῇ
πρὸς τὴν ὄντως οὐσίαν, ἣν ἀεὶ
κατὰ ταὐτὰ ὡσαύτως ἔχειν φατέ,
γένεσιν δὲ ἄλλοτε ἄλλως; 246 E.

νοητὰ ἄττα καὶ ἀσώματα εἴδη βιαζόμενοι τὴν ἀληθινὴν οὐσίαν εἶναι,
— γένεσιν ἀντ' οὐσίας φερομένην
τινὰ προσαγορεύουσιν, 246 B f.

Timaios:

γένεσις — οὐσία 29 C, 38 A, 48 E.

τὸ μὲν δὴ νοήσει μετὰ λόγου
περιληπτόν, ἀεὶ κατὰ ταὐτὰ
ὄν, τὸ δ' αὖ δόξῃ μετ' αἰσθήσεως ἀλόγου δοξαστόν, γιγνό-
μενόν τε καὶ ἀπολλύμενον κτλ. 27 D f.

ἓν μὲν τὸ κατὰ ταὐτὰ εἶδος ἔχον
ἀγέννητον καὶ ἀνώλεθρον — τοῦτο,
ὃ δὴ νόησις εἴληχεν ἐπισκοπεῖν· τὸ
δὲ — αἰσθητόν, γεννητόν, πεφορη-
μένον ἀεὶ κτλ. 52 A.

[4]) So u. a. Schaarschmidt, Rhein. Mus. N. F. Bd. XVIII. S. 1 ff. Überweg,
Phil. Monatsh. (1869) S. 476 f. Appel, Archiv f. Gesch. d. Phil. V, 55 ff. Mit

Aus den vorangehenden Betrachtungen geht mit Deutlichkeit hervor, daß zwei Hypothesen betreffs dieser Frage möglich sind. Entweder muß man nämlich, wenn man die im Sophistes besprochene Ideenlehre als diejenige Platons ansieht, den Dialog und die Lehre von der Ideenbewegung überhaupt Platon absprechen, oder, wenn man sie als die der megarischen Schule betrachtet, annehmen, daß er mit dem παντελῶς ὄν das höchste Prinzip der Megariker meint, den νοῦς, dem er Leben und Seele beilegt.

Hält man aber trotz der angegebenen Schwierigkeiten daran fest, daß Sophistes von Platon herrühre und versteht unter dem παντελῶς ὄν die Ideen, so sieht man sich genötigt, den Dialog den Jugendschriften unseres Philosophen zuzuzählen[1]) und einzuräumen, daß Platon diese Lehre später aufgegeben hat. So Zeller, der wörtlich sagt: „So wenig auch dieser Sachverhalt für die Unechtheit des Sophisten beweist, so deutlich geht doch aus demselben hervor, daß dieses Gespräch Platons früherer Zeit angehören kann, da es unter allen, welche die Causalität der Ideen erwähnen, mit dem Versuch, diesen unmittelbar Vernunft und Seele beizulegen, von der letzten Form der Ideenlehre, der durch Aristoteles bezeugten, am weitesten abliegt"[2]). Und wieder „Man darf deshalb auch nicht solches, was vielleicht aus den Behauptungen des Sophisten folgen würde, was aber von Platon selbst nicht gesagt und in der Folge durch andere Bestimmungen ersetzt worden ist, wie etwa den Satz, daß jede einzelne Idee ihre besondere, von ihr selbst verschiedene Seele habe, für seine Lehre ausgeben. — Das Richtige ist vielmehr, daß Platon selbst sich im Sophisten mit der allgemeinen Forderung, das παντελῶς ὄν als vernünftig und beseelt zu denken, begnügt, nachmals aber den weltbildenden Nus als Demiurg und die Seele als Weltseele neben die Ideen gestellt hat."[3]) Demgemäß müßten wir die richtige Lehre Platons von den Ideen

---

Appel stimmen wir völlig überein, daß die im Sophistes angegriffene Ideenlehre ganz ähnlich der in den platonischen Dialogen vorkommenden ist und zwar auch in ihrer ausgebildeten Form.

[1]) Iem alternden Platon weisen den Dialog Apelt (Soph. Prolegg. p. 37), (Nusser (Philol. Bd. 53. [1894], 13 ff.), Christ (Litteratur. S. 448), C. Ritter Archiv f. Gesch. d. Phil. N. F. IV. [1897] S. 18 ff.) zu.

[2]) II, 1, 693, vgl. 698, 1. 715, 2: „Da aber diese Äußerung (Soph. 248 E ff.) mit der entwickelteren Lehre des Timaius nicht zu vereinigen ist, so wird dies nur eine von ihm selbst später verbesserte Ungenauigkeit sein".

[3]) II, 1. 696, 3. Vgl. auch Sitzungsber. der Berl. Akad. 1887. S. 213 f.

in seinen späteren Schriften suchen. Da jedoch Zeller im Gegensatz zu seinem oben angeführten Zugeständnis, daſs Platon „von dem im Sophisten gemachten Versuch, den Ideen Bewegung, Seele und Vernunft zuzuschreiben, in der Folge mehr und mehr zurückkam",[1] seine Darstellung der Ideenlehre Platons auf diesen Dialog begründet, den Timaios, dessen Lehre mit den andern Dialogen völlig übereinstimmt[2]), bei Seite schiebt, und den Versuch macht, auch im Phaidon und Philebos die Ideenwelt als die einzige Ursache der sinnlichen Erscheinung nachzuweisen[3]), so ist erforderlich, daſs wir die betreffenden Stellen der fraglichen Dialoge in Betracht ziehen. Wir gehen somit zur Untersuchung des Phaidon über.

B. Phaidon.

Hier erzählt Sokrates[4]), wie er die Ursache des Entstehens, Vergehens und Seins der Dinge ($\tau\grave{\alpha}\varsigma$ $\alpha\grave{\iota}\tau\acute{\iota}\alpha\varsigma$ $\grave{\epsilon}\varkappa\acute{\alpha}\sigma\tau\sigma\upsilon$, $\delta\iota\grave{\alpha}$ $\tau\acute{\iota}$ $\gamma\acute{\iota}\gamma\nu\epsilon\tau\alpha\iota$ $\grave{\epsilon}\varkappa\alpha\sigma\tau\sigma\nu$ $\varkappa\alpha\grave{\iota}$ $\delta\iota\grave{\alpha}$ $\tau\acute{\iota}$ $\grave{\alpha}\pi\acute{\sigma}\lambda\lambda\upsilon\tau\alpha\iota$ $\varkappa\alpha\grave{\iota}$ $\delta\iota\grave{\alpha}$ $\tau\acute{\iota}$ $\grave{\epsilon}\sigma\tau\iota\nu$) untersucht hat.

In seiner Jugend, sagt er, sei er höchst begierig auf die Weisheit gewesen, die man Naturforschung nennt, denn es sei ihm erschienen als eine hervorragende Wissenschaft die Ursache von einem jeden zu erfahren, warum ein jedes entsteht und wodurch es besteht. So habe er die Gründe des Entstehens des Lebens, des Denkens, der Sinneswahrnehmungen, der Erinnerung, der Vorstellung des Wissens; ferner die Gründe der Veränderung der Dinge am Himmel und auf Erden und das Vergehen derselben erforscht. Aber er habe die Überzeugung gewonnen, daſs er für diese Weise der Betrachtung untauglich sei.[5])

Als er aber einmal jemand aus einem Buche des Anaxagoras[6])

---

[1]) Ebenda S. 697.

[2]) Wie wir weiter unten zu beweisen versuchen werden.

[3]) Ebenda S. 687, 1.

[4]) Phaid. 95 E ff.

[5]) 96 A f.

[6]) Anaxagoras aus Klazomenai ist bekanntlich der erste griech. Denker, welcher einen Geist als bewegende Ursache der Dinge den mechanischen Theorien der früheren Naturphilosophen gegenüberstellte, die alles belebt und bewegt, auch den gleichmäſsigen Umschwung der Himmelskörper bewirkt (Simpl. 33. 156. 13), weshalb ihn Aristoteles in der bekannten Stelle seiner Metaphysik rühmt, daſs er, in der Erklärung des Nus als weltbildendem Prinzip, als ein nüchterner erschien im Vergleich zu den unbedacht redenden Früheren (Met. I, 3. 984 b 15 „νοῦν δή τις εἰπὼν ἐνεῖναι, καθάπερ ἐν τοῖς ζώοις,

vorlesen und sagen hörte, daß der Geist es sei, der alles ordne, und die Ursache von allem sei, habe er geglaubt, daß der Geist alles und jedes Einzelne möglichst gut mache. Wenn jemand also die Ursache von jedem auffinden wolle, wie es entsteht oder vergeht, so müsse er in Betreff derselben auffinden, wie es am besten für dasselbe ist zu sein oder irgend etwas anderes zu leiden oder zu thun. Auf Grund dieser Auffassung dürfte der Mensch nichts anderes ins Auge fassen als das Beste.

Und so habe er mit Freude geglaubt, in Anaxagoras einen Lehrer der Ursache der Dinge nach seinem Sinne gefunden zu haben, und daß er ihm angeben werde, zunächst, ob die Erde flach oder rund sei und zugleich die Notwendigkeit, daß sie so beschaffen sei; und wenn er sagte, daß sie in der Mitte sei, daß er außerdem ausführen werde, daß es besser war, daß sie in der Mitte sei.

So wollte er auch nach der Sonne und dem Monde und den übrigen Gestirnen fragen, hinsichtlich ihrer Schnelligkeit und ihres Umlaufes und ihrer übrigen Zustände, wie es denn besser sei, daß ein jedes das thue sowohl als erleide, was es thut und erleidet. Denn, da Anaxagoras sage, von dem Geiste sei alles geordnet, so habe er, Sokrates, nie geglaubt, daß er für die Dinge irgend eine andere Ursache anführen werde, als die, daß es am besten sei, daß sie sich so verhalten, wie sie sich verhalten. Er habe also geglaubt, daß Anaxagoras, indem er einem jeden seine Ursache zuweise und allen insgesamt, er das einem jeden und das allen gemeinsame Gute nachweisen werde. [1]) So war er entschlossen, wenn ihm dies von Anaxagoras angegeben würde, keine andere Art des Grundes zu begehren. [2])

Aber in dieser wunderbaren Hoffnung sei er bitter getäuscht worden. Denn als er weiter im Buche des Anaxagoras gelesen, habe er gesehen, daß der Klazomenische Philosoph den Geist gar nicht brauche und für die Ordnung der Dinge keine Ursache angebe, sondern Luft, Äther und Wasser und viele andere seltsame Dinge als Ursache anführe.

καὶ ἐν τῇ φύσει, τὸν αἴτιον τοῦ κόσμου καὶ τῆς τάξεως πάσης οἷον νήφων ἐφάνη παρ' εἰκῇ λέγοντας τοὺς πρότερον". Die Schrift des Anaxagoras hieß: περὶ φύσεως (Diog. Laert. II, 6).

[1]) 97 B — 98 B.
[2]) 97 E.

Diese Betrachtungsweise, bemerkt Sokrates ferner, kam mir so vor, wie wenn jemand sagte: „Sokrates thut alles, was er thut, mit Vernunft, und dann, wenn er die Ursachen für ein jedes, was ich thue, anzugeben versuchte, sagte, ich sitze deswegen jetzt hier (im Gefängnis), weil mein Körper aus Knochen und Sehnen besteht und die Knochen hart sind und von einander gesondert Gelenke haben und dergl. und für meine Unterredung ähnliche Gründe anführte, wie Stimmen und Luft und Gehör und dergl. mehr, vernachlässigte aber, die wirklichen Ursachen anzugeben, nämlich daſs, weil es den Athenern besser dünkte, mich zu verurteilen, darum auch mir besser erschienen ist, hier sitzen zu bleiben und gerechter, mich der Strafe zu unterziehen, die sie mir auferlegt haben. Denn schon längst wären diese Sehnen und Knochen in Megara oder Böotien, in Bewegung gesetzt von der Vorstellung des Besten, wenn ich es nicht für gerechter und passender hielte, der Strafe mich zu unterziehen, anstatt zu fliehen und davonzulaufen. Solches aber als Ursachen zu bezeichnen, ist allzu ungereimt (ἀλλ' αἴτια μὲν τὰ τοιαῖτα καλεῖν λίαν ἄτοπον 99 A) denn es sind bloſs die Bedingungen, wodurch die richtige Ursache wirkt. (ἐκεῖνο ἄνευ οὗ τὸ αἴτιον οὐκ ἄν ποτ' εἴη αἴτιον).

Nachdem er also die wahre Ursache, die alles zweckmäſsig macht, weder von selbst zu ermitteln, noch durch einen anderen nachzuweisen vermochte, so habe er die zweite Fahrt (δεύτερος πλοῖς; unternommen. [1])

In seiner ersten Untersuchung habe er gesehen, daſs er durch die sinnliche Wahrnehmung die Ursache zu finden nicht vermochte. Deshalb nahm er nun seine Zuflucht zu den Begriffen (εἰς τοὶς λόγους) und suchte das wahre Wesen der Dinge durch diese zu erforschen.

Auf diese Weise kam er, wie er sagt, auf die Ideen (ἐπ' ἐκεῖνα τὰ πολυθρύλητα — ὑποθέμενος εἶναί τι καλὸν αὐτὸ καθ' αὑτὸ καὶ ἀγαθὸν καὶ μέγα καὶ τἆλλα πάντα) und nahm hinfort an, daſs, wenn es neben dem an sich Schönen noch etwas anderes Schönes gebe, es aus keinem anderen Grunde schön sei, als weil es an jenem Schönen teilnehme. [2]

Zeller faſst diese Stelle Phaidons so auf, als komme den Ideen

[1] 93 B — 99 D.
[2] 100 C.

nach Platons Lehre die wirkende, formale und Endursache zu: „In dieser ganzen Auseinandersetzung sagt er, wird nun zwischen der begrifflichen, der wirkenden und der Endursache nicht blofs nicht unterschieden, sondern alle drei werden deutlich genug für ein und dasselbe erklärt: die Ideen nach aristotelischer Terminologie zunächst die begriffliche oder formale Ursache, sollen eben das leisten, was Plato an Anaxagoras vermifst, das ἄριστον und βέλτιστον aufzuzeigen, sie fallen mit den Endursachen zusammen: aufser ihnen erklärt aber Plato, von keiner Ursache etwas wissen zu wollen (S. 100D: „τὰ μὲν ἄλλα χαίρειν ἐῶ, ταράττομαι γὰρ ἐν τοῖς ἄλλοις πᾶσι, τοῦτο δὲ ἁπλῶς καὶ ἀτέχνως καὶ ἴσως εὐήθως ἔχω παρ' ἐμαυτῷ ὅτι οὐκ ἄλλο τι ποιεῖ καλὸν ἢ ἡ ἐκείνου τοῦ καλοῦ εἴτε παρουσία εἴτε κοινωνία [εἴτε] ὅπῃ δὴ καὶ ὅπως προσγενομένη· οὐ γὰρ ἔτι τοῦτο. διισχυρίζομαι, ἀλλ' ὅτι τῷ καλῷ πάντα τὰ καλὰ γίγνεται καλά"); sie genügen ihm also; er findet kein weiteres Prinzip nötig, sie sind wie Aristoteles aus Anlafs unserer Stelle sagt „καὶ τοῦ εἶναι καὶ τοῦ γίγνεσθαι αἴτια, αἴτια γενέσεως καὶ φθορᾶς", oder wie er selbst sie bezeichnet „τῆς αἰτίας τὸ εἶδος ὃ πεπραγμάτευμαι" Phil. d. Gr., II, 1. 687,1; vgl. Archiv f. Gesch. d. Phil. V, 548. Sitzungsber. d. Berl. Akad. 1887, S. 212.

Um die Ansicht Zellers genau beurteilen zu können, wollen wir diese Stelle Phaidons für sich und im Zusammenhang mit der Lehre Platons in anderen Dialogen in Erwägung ziehen.

Platon hat zuerst bei den Naturphilosophen die Ursache der Dinge gesucht, die jedoch ihm nur sekundäre, materielle Ursachen, statt der wahren angaben,[1] indem der eine erklärte, dafs die lebenden Wesen entstehen, wenn das Warme und Kalte in eine Art von Fäulnis übergegangen sei,[2] andere, dafs das Denken durch

---

[1] Die vorsokratische Philosophie, der Naturbetrachtung zugewandt, stellte sich bekanntlich die Aufgabe, das Wesen und die Ursachen des Körperlichen, also das materielle Prinzip zu erforschen (Aristot. Met. I, 3. 983 b 7: τῶν δὴ πρώτων φιλοσοφησάντων οἱ πλεῖστοι τὰς ἐν ὕλης εἴδει μόνας ᾠήθησαν ἀρχὰς εἶναι τῶν πάντων κτλ.). Die jonischen Naturphilosophen, die den ersten Versuch zur Erklärung der Welt machten, haben einen ursprünglichen, belebten Stoff gesucht, woraus sie die Erscheinungswelt entstanden sein und bestehen liefsen. Diese sowohl, wie die anderen Naturphilosophen — Anaxagoras ausgenommen — haben kein vernünftiges, zwecksetzendes Prinzip aufgestellt.

[2] So Archelaos. Vgl. Diog. Laert. II, 16. Hippol. Ref. haer. I, 9 (Doxogr. 564, 2) „— ἀνεφαίνετο τά τε ἄλλα ζῷα πολλὰ καὶ οἱ ἄνθρωποι — ἐκ τῆς ἰλύος τρεφόμενα κτλ."

das Blut[1]) oder die Luft[2]) oder das Feuer[3]) zustande komme; andere wieder, daſs das Gehirn[4]) es sei, was die Sinneswahrnehmungen gewähre, Hören und Sehen und Riechen, aus denen Erinnerung und Vorstellung, und aus diesen, wenn sie die nötige Ruhe erlangt haben, das Wissen[5]); ferner lieſs der eine die Erde verharren, indem er sie mit einem vom Himmel ausgehenden Wirbel umgab,[6]) der andere schob ihr, wie einer breiten Mulde, die Luft als Stütze unter (99 B.) [7]).

Diese mechanischen Erklärungen befriedigen unseren Philosophen keineswegs. Ihm ist die Welt, ebenso wie dem Sokrates zu schön und zweckmäſsig eingerichtet, als daſs er sie mechanisch und zufällig erklären könnte. Sie ist die beste, schönste und vollkommenste[8]) und der Schöpfer, ein $\nu o \tilde{\imath} \varsigma$,[9]) muſs sie aus Güte aufs beste eingerichtet haben. [10]) Es steht also auſser Zweifel, daſs seine Teleologie ihn antreibt, die früheren Weltanschauungen zu tadeln und diesen gegenüber den eigentlichen Grund und Zweck der Dinge aufzuweisen. Nur das Prinzip des Anaxagoras, den weltordnenden Nus, hat er mit Freude begrüſst. [11]) Daſs er den anaxagoreischen Nus hierbei nicht verwirft, ist augenscheinlich. Sagt er doch:

---

[1]) So Empedokles. Vgl. Theophr. de sens. 10 (Doxogr. 502) „$\tau \tilde{\omega}$ $\alpha \tilde{\iota} \mu \alpha \tau \iota$ $\mu \dot{\alpha} \lambda \iota \sigma \tau \alpha$ $\varphi \varrho o \nu \epsilon \tilde{\iota} \nu$". Stob. Ecl. I, 1026 (Ritter-Preller v. 329): $\alpha \tilde{\iota} \mu \alpha$ $\gamma \dot{\alpha} \varrho$ $\dot{\alpha} \nu$-$\vartheta \varrho \dot{\omega} \pi o \iota \varsigma$ $\pi \epsilon \varrho \iota \varkappa \dot{\alpha} \varrho \delta \iota \dot{o} \nu$ $\dot{\epsilon} \sigma \tau \iota$ $\nu \dot{o} \eta \mu \alpha$.

[2]) So Diogenes von Apollonia. Vgl. Theophr. de sens. 43 (Doxogr. 511): „$\varphi \varrho o \nu \epsilon \tilde{\iota} \nu$ δ', $\dot{\omega} \sigma \pi \epsilon \varrho$ $\dot{\epsilon} \lambda \dot{\epsilon} \chi \vartheta \eta$, $\tau \tilde{\omega}$ $\dot{\alpha} \dot{\epsilon} \varrho \iota$ $\varkappa \alpha \vartheta \alpha \varrho \tilde{\omega}$ $\varkappa \alpha \iota$ $\xi \eta \varrho \tilde{\omega}$". Doxogr. 512, 1: $\tau \dot{\alpha}$ $\delta \dot{\epsilon}$ $\varphi \upsilon \tau \dot{\alpha}$ $\delta \iota \dot{\alpha}$ $\tau \dot{o}$ $\mu \dot{\eta}$ $\epsilon \tilde{\iota} \nu \alpha \iota$ $\varkappa o \tilde{\iota} \lambda \alpha$, $\mu \eta \delta \dot{\epsilon}$ $\delta \dot{\epsilon} \chi \epsilon \sigma \vartheta \alpha \iota$ $\tau \dot{o} \nu$ $\dot{\alpha} \dot{\epsilon} \varrho \alpha$ $\pi \alpha \nu \tau \epsilon \lambda \tilde{\omega} \varsigma$ $\dot{\epsilon} \gamma \gamma$-$\varrho \epsilon \tilde{\iota} \sigma \vartheta \alpha \iota$ $\tau \dot{o}$ $\varphi \varrho o \nu \epsilon \tilde{\iota} \nu$.

[3]) So Heraklit. Vgl. Arist. de an. I, 2. 405a 25.

[4]) So Alkmeon. Vgl. Theophr. de sens. 26.

[5]) 96 B.

[6]) So Empedokles. Vgl. Arist. de coelo II, 13. 295a.

[7]) Vgl. Arist. de coelo II, 13. 294b: $\mathcal{A} \nu \alpha \xi \iota \mu \dot{\epsilon} \nu \eta \varsigma$ $\delta \dot{\epsilon}$ $\varkappa \alpha \iota$ $\mathcal{A} \nu \alpha \xi \alpha \gamma \dot{o} \varrho \alpha \varsigma$ $\varkappa \alpha \iota$ $\mathcal{A} \eta \mu \dot{o} \varkappa \varrho \iota \tau o \varsigma$ $\tau \dot{o}$ $\pi \lambda \dot{\alpha} \tau o \varsigma$ $\alpha \tilde{\iota} \tau \iota o \nu$ $\epsilon \tilde{\iota} \nu \alpha \iota$ $\varphi \alpha \sigma \iota$ $\tau o \tilde{\upsilon}$ $\mu \dot{\epsilon} \nu \epsilon \iota \nu$ $\alpha \dot{\upsilon} \tau \dot{\eta} \nu$ ($\tau \dot{\eta} \nu$ $\gamma \tilde{\eta} \nu$)· $o \dot{\upsilon}$ $\gamma \dot{\alpha} \varrho$ $\tau \dot{\epsilon} \mu \nu \epsilon \iota \nu$, $\dot{\alpha} \lambda \lambda$' $\dot{\epsilon} \pi \iota \pi \omega \mu \alpha \tau \dot{\iota} \zeta \epsilon \iota \nu$ $\tau \dot{o} \nu$ $\dot{\alpha} \dot{\epsilon} \varrho \alpha$ $\tau \dot{o} \nu$ $\varkappa \dot{\alpha} \tau \omega \vartheta \epsilon \nu$, $\ddot{\omega} \sigma \pi \epsilon \varrho$ $\varphi \alpha \dot{\iota} \nu \epsilon \tau \alpha \iota$ $\tau \dot{\alpha}$ $\pi \lambda \dot{\alpha} \tau o \varsigma$ $\dot{\epsilon} \chi o \nu \tau \alpha$ $\tau \tilde{\omega} \nu$ $\sigma \omega \mu \dot{\alpha} \tau \omega \nu$ $\varkappa \tau \lambda$.

[8]) Tim. 92B: $\mu \dot{\epsilon} \gamma \iota \sigma \tau \dot{o} \varsigma$ $\tau \epsilon$ ($\ddot{o} \delta \epsilon$ $\dot{o}$ $\varkappa \dot{o} \sigma \mu o \varsigma$) $\varkappa \alpha \iota$ $\ddot{\alpha} \varrho \iota \sigma \tau o \varsigma$ $\varkappa \dot{\alpha} \lambda \lambda \iota \sigma \tau \dot{o} \varsigma$ $\tau \epsilon$ $\varkappa \alpha \iota$ $\tau \epsilon \lambda \epsilon \dot{\omega} \tau \alpha \tau o \varsigma$.

[9]) Phileb. 28 C f. Tim. 48 A u. a. Gess. XII, 966 E: $\nu o \tilde{\upsilon} \varsigma$ $\dot{\epsilon} \sigma \tau \iota$ $\tau \dot{o}$ $\pi \tilde{\alpha} \nu$ $\delta \iota \alpha \varkappa \epsilon \varkappa o \sigma \mu \eta \varkappa \dot{\omega} \varsigma$.

[10]) Tim. 29 A: $\dot{o}$ $\mu \dot{\epsilon} \nu$ $\gamma \dot{\alpha} \varrho$ ($\varkappa \dot{o} \sigma \mu o \varsigma$) $\varkappa \dot{\alpha} \lambda \lambda \iota \sigma \tau o \varsigma$ $\tau \tilde{\omega} \nu$ $\gamma \epsilon \gamma o \nu \dot{o} \tau \omega \nu$, $\dot{o}$ $\delta \dot{\epsilon}$ ($\delta \eta \mu \iota \upsilon \varrho \gamma \dot{o} \varsigma$) $\ddot{\alpha} \varrho \iota \sigma \tau o \varsigma$ $\tau \tilde{\omega} \nu$ $\alpha \dot{\iota} \tau \dot{\iota} \omega \nu$.

[11]) Phaid. 97C „$\dot{\omega} \varsigma$ $\ddot{\alpha} \varrho \alpha$ $\nu o \tilde{\upsilon} \varsigma$ $\dot{\epsilon} \sigma \tau \iota \nu$ $\dot{o}$ $\delta \iota \alpha \varkappa o \sigma \mu \tilde{\omega} \nu$ $\varkappa \alpha \iota$ $\pi \dot{\alpha} \nu \tau \omega \nu$ $\alpha \tilde{\iota} \tau \iota o \varsigma$, $\tau \alpha \dot{\upsilon} \tau \eta$ $\delta \dot{\eta}$ $\tau \tilde{\eta}$ $\alpha \dot{\iota} \tau \dot{\iota} \alpha$ $\ddot{\eta} \sigma \vartheta \eta \nu$ $\varkappa \tau \lambda$."

ἄσμενος εἰρηκέναι ᾤμην διδάσκαλον τῆς αἰτίας κατὰ νοῦν ἐμαυτῷ τὸν Ἀναξαγόραν [1]). Klarer noch aber werden wir im Philebos finden, wie Platon in Übereinstimmung mit den früheren Philosophen (Anaxagoras und Sokrates) erklärt, daß ein νοῦς und eine wundervolle φρόνησις das All ordnet und lenkt.[2]) Worin weicht also Platon von Anaxagoras ab? Nur in den weiteren Stufen des Weltbildungsprozesses. Ihm steht es fest, daß der Weltschöpfer jeglichem Dinge in der Welt die bestmögliche Ordnung gegeben hat. Er sagt in seinen Gesetzen ausdrücklich: πείθωμεν τὸν νεανίαν τοῖς λόγοις, ὡς τῷ τοῦ παντὸς ἐπιμελουμένῳ πρὸς τὴν σωτηρίαν καὶ ἀρετὴν τοῦ ὅλου πάντ' ἐστι συντεταγμένα, ὧν καὶ τὸ μέρος εἰς δύναμιν τὸ προσῆκον πάσχει ἢ ποιεῖ.[3]) Dasselbe hoffte er bei dem Klazomenier zu finden; ἡγησάμην, sagt er, εἰ ταῦθ' οὕτως ἔχει, τόν γε νοῦν κοσμοῦντα πάντα κοσμεῖν καὶ τιθέναι ταύτῃ, ὅπῃ ἂν βέλτιστα ἔχῃ· εἰ οὖν τις βούλοιτο τὴν αἰτίαν εὑρεῖν περὶ ἑκάστου, ὅπῃ γίγνεται ἢ ἀπόλλυται ἢ ἔστι, τοῦτο δεῖν περὶ αὐτοῦ εὑρεῖν, ὅπῃ βέλτιστον αὐτῷ ἐστιν ἢ εἶναι ἢ ἄλλο ὁτιοῦν πάσχειν ἢ ποιεῖν.[4]) Statt dessen jedoch sieht er, daß jener Philosoph in der Erklärung der einzelnen Erscheinungen auf materielle, blind wirkende Ursachen sich berief, indem er mit den anderen Physiologen Luft, Äther und Wasser als solche anführte.[5]) Diese materiellen Elemente, sagt er, sind nicht die Hauptursachen (98 E: ὡς ἀληθῶς αἰτίαι, 99 B αἴτιον τῷ ὄντι), wie die meisten im Dunkeln

---

[1]) 97 D.

[2]) 28 D.

[3]) X, 903 B.

[4]) 97 C. Vgl. 98 A: οὐ γὰρ ἄν ποτε αὐτὸν ᾤμην, φάσκοντά γε ὑπὸ νοῦ αὐτὰ κεκοσμῆσθαι, ἄλλην τινὰ αὐτοῖς αἰτίαν ἐπενεγκεῖν ἢ ὅτι βέλτιστον αὐτὰ οὕτως ἔχειν ἐστίν, ὥσπερ ἔχει. ἑκάστῳ οὖν αὐτὸν ἀποδιδόντα τὴν αἰτίαν καὶ κοινῇ πᾶσι τὸ ἑκάστῳ βέλτιστον ᾤμην καὶ τὸ κοινὸν πᾶσιν ἀπεκδιηγήσεσθαι ἀγαθόν.

[5]) Denselben Tadel wiederholt er in den Gesetzen. XII, 967 B: καί τινες ἐτόλμων τοῦτό τε αὐτὸ παρακινδυνεύειν καὶ τότε, λέγοντες ὡς νοῦς εἴη ὁ διακεκοσμηκὼς πάνθ' ὅσα κατ' οὐρανόν. Οἱ δ' αὐτοὶ πάλιν — ἄπανθ', ὡς εἰπεῖν ἔπος, ἀνέτρεψαν πάλιν, ἑαυτοὺς δὲ πολὺ μᾶλλον· τὰ γὰρ δὴ πρὸ τῶν ὀμμάτων πάντα αὐτοῖς ἐφάνη, τὰ κατ' οὐρανὸν φερόμενα, μεστὰ εἶναι λίθων καὶ γῆς καὶ πολλῶν ἄλλων ἀψύχων σωμάτων διανεμόντων τὰς αἰτίας παντὸς τοῦ κόσμου. Vgl. auch die bekannte Stelle des Aristoteles, Met. I. 4. 985a: Ἀναξαγόρας τε — μηχανῇ χρῆται τῷ νῷ εἰς τὴν κοσμοποιίαν; ferner Plotin, Ennead. I, 4. 7.

3

tappend meinen, sondern die Nebenursachen, die Hilfsmittel. [1]) Das
ἄριστον und βέλτιστον der Dinge sucht er hierauf von der Gemein-
schaft derselben mit den Ideen herzuleiten. [2]) Ist es aber so zu
verstehen, als wollte er mit den Worten οὐ τοίνυν — ἔτι μανθάνω,
οὐδὲ δύναμαι τὰς ἄλλας αἰτίας τὰς σοφὰς ταύτας γιγνώσκειν [3])
alle anderen Ursachen verwerfen? Nein, kann die einzige Antwort
sein. Das, was er vom νοῖς des Anaxagoras sagt, und seine
Worte: τὴν δὲ τοῦ ὡς οἷόν τε βέλτιστα αὐτὰ τεθῆναι δύναμιν
οὕτω νῦν κεῖσθαι, ταύτην οὔτε ζητοῦσιν οὔτε τινὰ οἴονται δαιμονίαν
ἰσχὶν ἔχειν — καὶ ὡς ἀληθῶς τὸ ἀγαθὸν καὶ δέον ξυνδεῖν καὶ
συνέχειν οὐδὲν οἴονται [4]) lassen mit Sicherheit schließen, daß er
den Nus als das wirkende Prinzip im All annimmt, wie die Vernunft im Menschen, welcher das βέλτιστον αἱρεῖται und ausführt. [5])
Die αἰτίαι, welche er verwirft, sind die sekundären Ursachen. Die
Ideen können nicht die einzigen Ursachen sein. [6]) Wer die Lehre
Platons von den Ideen im Phaidon und in anderen Dialogen im Zusammenhang betrachtet, der wird uns unbedingt beistimmen. Denn
die Ideen sind unveränderlich und unbeweglich ebensowohl in
unserem Dialoge, als in anderen; sie sind etwas, welches stets
ὡσαύτως κατὰ ταὐτὰ ἔχει καὶ οὐδέποτε οὐδαμῇ οὐδαμῶς ἀλλοίωσιν
οὐδεμίαν ἐνδέχεται [7].) Die Sache muß sich also anders verhalten.
Platon beabsichtigt hier die Unsterblichkeit der Seele zu beweisen
(100 B: ἔρχομαι γὰρ δὴ ἐπιχειρῶν σοι ἐπιδείξασθαι τῆς αἰτίας
τὸ εἶδος ὃ πεπραγμάτευμαι καὶ εἶμι πάλιν ἐπ' ἐκεῖνα τὰ
πολυθρύλητα — ἃ εἴ μοι δίδως τε καὶ συγχωρεῖς εἶναι ταῦτα,
ἐλπίζω σοι ἐκ τούτων τὴν αἰτίαν ἐπιδείξειν καὶ ἀνευρήσειν,
ὡς ἀθάνατος ἡ ψυχή) und dazu genügt ihm die Thatsache,
daß jedes Ding das ist, was es ist, durch die Teilnahme

---

[1]) 99 B. Vgl. Tim. 46 D: δοξάζεται δὲ ὑπὸ τῶν πλείστων οὐ ξυναίτια,
ἀλλ' αἴτια εἶναι τῶν πάντων ψύχοντα καὶ θερμαίνοντα κτλ.

[2]) 99 D ff.

[3]) 100 C.

[4]) 99 C.

[5]) Vgl. 98 D f.: ἀμελήσας τὰς ὡς ἀληθῶς αἰτίας λέγειν, ὅτι, ἐπειδὴ
Ἀθηναίοις ἔδοξε βέλτιον εἶναι ἐμοῦ καταψηφίσασθαι, διὰ ταῦτα δὴ καὶ ἐμοὶ
βέλτιον αὖ δέδοκται ἐνθάδε καθῆσθαι κτλ. 99 B: τῇ τοῦ βελτίστου αἱρέσει

[6]) Hier heißt es nicht, das Schöne mache (ποιεῖ) etwas schön, sondern
durch die Gegenwart des Schönen wird etwas schön (100 D) οὐκ ἄλλο τι ποιεῖ
αὐτὸ καλὸν ἢ ἡ ἐκείνου τοῦ καλοῦ εἴτε παρουσία εἴτε κοινωνία κτλ.).

[7]) Phaid. 78 D u. ö.; vgl. oben S. 16 f.

an der Idee, deren Erscheinung es in der Welt ist. Er führt weiterhin aus, dafs, wie jedes Schöne durch Teilnahme an der Idee des Schönen zustande kommt und ähnlich alles andere, so auch der Körper durch die Idee des Lebens, welche mit der Seele verknüpft ist, lebendig wird.[1] Ferner: wie, wenn dem Dinge die Form einer anderen Idee zu teil wird, das Gegenteil desselben entweder verloren gehen[2] oder unbeschädigt davonkommen mufs, so mufs die Seele, da das εἶδος ζωῆς, mit welchem sie verknüpft ist, ἀνώλεθρον ist, wenn der Tod eintritt, σῶς καὶ ἀδιάφθορος davonkommen.[3]

Wie die Teilnahme zustande kommt, darüber will also der Philosoph keine Auskunft geben[4] und wir müssen zur richtigen Lösung dieses Problems die anderen Dialoge zu Rate ziehen.

Mit Recht wendet Apelt gegen Zeller ein: da könnte man denn, die Hypothese von der schöpferischen Macht der Ideen zugestanden, doch wenigstens sagen, sie bringen die Gegenstände hervor, z. B. die Idee der Eiche die Eiche u. s. w.[5] Ebenso, können wir hinzufügen, müfste die Idee des Feuers das Feuer, die eines Tieres das Tier, die des Lebens das Leben, die des Bettes das Bett, die der Tugend die Tugend hervorbringen. Aber damit müfsten wir uns in unauflösliche Widersprüche verwickeln. Denn Platon sagt deutlich genug, dafs Feuer, Wasser, Luft, Erde, alle Tiere und Pflanzen, kurzum, alle Naturdinge durch Gott bezw. von der Natur durch eine göttliche Kraft hervorgebracht werden,[6] das Bett aber und alle künstlichen Erzeugnisse durch den Menschen,[7] der auch die Tugenden und Laster nach deren Ideen im Leben verwirklicht.[8] Die Ideen sind demnach nichts weiter, als das, dessen Form die Einzeldinge haben, solange sie existieren, wie auch in unserem Dialoge

[1] 105 C f.
[2] 102 D ff. 106 C ff.
[3] 106 D ff.
[4] 100 D.
[5] Neue Jahrb. f. Philol. u. Pädag. Bd. 151 (1895) S. 264.
[6] Soph. 265 C. E: Ἡμεῖς μέν που καὶ τἆλλα ζῷα καὶ ἐξ ὧν τὰ πεφυκότ' ἐστι, πῦρ καὶ ὕδωρ καὶ τὰ τούτων ἀδελφά, θεοῦ γεννήματα πάντ' ἴσμεν αὐτὰ ἀπειργασμένα ἕκαστα· ἢ πῶς; Οὕτως. Vgl. Tim. 28 A. 29 A. 41 B ff. u. a. Phil. 29 A ff. Gess. X, 889 A ff., 890 D. 891 E.
[7] Rep. X, 596 B: ὁ δημιουργὸς ἑκατέρου τοῦ σκεύους πρὸς τὴν ἰδέαν βλέπων οὕτω ποιεῖ ὁ μὲν τὰς κλίνας, ὁ δὲ τὰς τραπέζας κτλ. Kratyl. 389 A ff.
[8] Euthyphron. 6 E. Gorg. 507 D. Rep. VII, 540 A. IX, 592 A. Theät. 176 E.

bestimmt und unzweideutig gesagt wird.[1]) Sie sind lediglich ideale Urbilder und Vorbilder, denen die Erscheinungsdinge nachgebildet werden. Blofse formale Ursachen sind die Ideen auch nach Xenokrates, dem Schüler und zweiten Nachfolger Platons in der Akademie, der die Philosophie seines Lehrers zu systematisieren versucht hat. Er definiert die Idee als αἰτία παραδειγματικὴ τῶν κατὰ φύσιν ἀεὶ ξυνεστώτων und gibt diese Definition als die des Platon an.[2]) Dafs die Idee αἰτία παραδειγματικὴ heifst, insofern sie Vorbild ist, nach dem die Erscheinungsdinge geschaffen werden,[3]) tritt auch aus Proklos' Erklärung deutlich zu Tage, wo es heifst: οὔτε γὰρ ἐν τοῖς συναιτίοις ἄν τις αὐτὴν θείη, λέγω δὲ οἷον ὀργανικοῖς ἢ ὑλικοῖς ἢ εἰδητικοῖς, δι' ὕπερ αἰτίαν εἶναι πάντων, οὔτε τῶν αἰτίων ἐν τοῖς τελικοῖς ἁπλῶς ἢ ποιητικοῖς· κἂν γὰρ αὐτῷ τῷ εἶναι λέγωμεν αὐτὴν δρᾶν καὶ τέλος εἶναι τῶν γιγνομένων τὴν πρὸς αὐτὴν ὁμοίωσιν, ἀλλὰ τό τε κυρίως τελικὸν πάντων αἴτιον καὶ οὗ ἕνεκα πάντα πρὸ τῶν ἰδεῶν ἐστι, καὶ τὸ κυρίως μετὰ τὰς ἰδέας, ὡς πρὸς κριτήριον βλέπον καὶ κανόνα καὶ παράδειγμα.[4]) Es kann demgemäfs keinem Zweifel unterliegen, dafs der Idee nach Xenokrates und Proklos dieselbe Rolle zufällt, die ihr Platon im Timaius zuweist, wo Gott im Hinblick auf die Ideen die Dinge schafft.[5])

Wenn aber Zeller seine Ansicht von den Ideen als den einzigen Ursachen auf Aristoteles zu stützen versucht,[6]) so ist ihm entgegen zu halten, dafs beim Hinblick auf die aristotelischen Zeugnisse über die Ideen Platons einleuchtet, dafs er sie nicht als das wirkende Prinzip ansieht. Er sagt: οὔτε γὰρ κινήσεως οὔτε μεταβολῆς οὐδεμιᾶς ἐστιν αἴτια αὐτοῖς.[7]) Das leugnet auch Zeller

---

[1]) 103 E: „μὴ μόνον αὐτὸ τὸ εἶδος ἀξιοῦσθαι τοῦ αὐτοῦ ὀνόματος εἰς τὸν ἀεὶ χρόνον, ἀλλὰ καὶ ἄλλο τι, ὃ ἔστι μὲν οὐκ ἐκεῖνο, ἔχει δὲ τὴν ἐκείνου μορφὴν ἀεί, ὅταν περ ἦ.“

[2]) Prokl. in Plat. Parmenid. Cous. p. 136.

[3]) Die Definition mufs augenfällig aus den letzten Jahren Platons stammen, wo er nur Ideen der Naturdinge annahm. Vgl. Arist. Met. I, 9. 991b 6. XII, 9. 1070a 13 ff.

[4]) Cous. p. 139.

[5]) Vgl. hierzu R. Heinze, Xenokrates S. 50 ff.

[6]) II, 1¹. 687, 1.

[7]) Met. I, 9. 991a 11 f. Vgl. XII, 6. 1071b. XIV, 4. 1091b: τῶν δὲ τὰς ἀκινήτους οὐσίας εἶναι λεγόντων. Top. 148a 20: ἀπαθεῖς γὰρ καὶ ἀκίνητοι δοκοῦσιν αἱ ἰδέαι τοῖς λέγουσιν ἰδίας εἶναι.

nicht.[1]) Nur diese Stelle Phaidons faßt er so auf, als erklärte Platon die Ideen für die Ursachen schlechthin, wie es sich aus seinen folgenden Worten schließen läßt: *ἀλλ' οἱ μὲν ἱκανὴν ᾠή-θησαν αἰτίαν εἶναι πρὸς τὸ γενέσθαι τὴν τῶν εἰδῶν φύσιν, ὥσπερ ὁ ἐν Φαίδωνι Σωκράτης· καὶ γὰρ ἐκεῖνος ἐπιτιμήσας τοῖς ἄλλοις ὡς οὐδὲν εἰρηκόσιν, ὑποτίθεται ὅτι ἐστὶ τῶν ὄντων τὰ μὲν εἴδη, τὰ δὲ μεθεκτικὰ τῶν εἰδῶν, καὶ ὅτι εἶναι μὲν ἕκαστον λέγεται κατὰ τὸ εἶδος, γίγνεσθαι δὲ κατὰ τὴν μετάληψιν καὶ φθείρεσθαι κατὰ τὴν ἀποβολήν, ὥστ' εἰ ταῦτ' ἀληθῆ, τὰ εἴδη οἴεται ἐξ ἀνάγκης αἴτια εἶναι καὶ γενέσεως καὶ φθορᾶς;*[2]) daher weist er ausdrücklich darauf hin, daß diese Äußerung Platons seiner anderen Lehre, wonach die Ideen etwas Unbewegtes sind, widerspricht. Das ersehen wir aus seinen Worten: *ἐν δὲ τῷ Φαίδωνι λέγεται, ὡς καὶ τοῦ εἶναι καὶ τοῦ γίγνεσθαι αἴτια τὰ εἴδη ἐστί, καίτοι τῶν εἰδῶν ὄντων ὅμως οὐ γίγνεται τὰ μετέχοντα, ἐὰν μὴ ᾖ τὸ κινῆσον.*[3]) Wir haben im Vorangehenden der Phaidonstelle eine andere Erklärung gegeben, und möchten deshalb dem Eifer des Aristoteles, die Ideenlehre seines Lehrers sogar durch Aufweisungen von Widersprüchen zu bekämpfen, zuschreiben, daß er dieselbe nicht richtig aufgefaßt hat.[4])

In den bisherigen Betrachtungen wurde versucht, darzuthun, daß die Ideen selbst im Phaidon nicht die wirkenden Ursachen der Dinge sein können, und somit Zellers Meinung hierbei keine Bestätigung findet.

Aber selbst zugegeben, die Ideen wären die einzigen Ursachen bei Platon, wie hätten wir diese Ursächlichkeit zu verstehen? Zeller antwortet hierauf, der Philosoph schreibe dem Sinnlichen keine besondere, von den Ideen verschiedene Realität zu, sondern er verlege vielmehr alle Wirklichkeit einzig und allein in die Idee

---

[1]) II, 1¹. 697, 698. Vgl. Archiv f. Gesch. d. Phil. Bd. X. S. 592: „Während dieser (Sophist) sich die größte Mühe gibt, zu beweisen, daß den Ideen, wie dem *παντελῶς ὄν* überhaupt Bewegung, Leben und wirkende Kraft zukomme, kennt sie Aristoteles als durchaus unbewegte, jeder wirkenden Kraft entbehrende, urbildliche Formen, und wir haben keinen Grund, zu bezweifeln, daß er Platos Lehre so wiedergibt, wie sie ihm dieser überliefert hat."

[2]) De gener. et corr. II, 9. 335b 7 f.; vgl. Met. I, 9. 991b 3 f.

[3]) Met. I, 9. 991b 3 f.

[4]) Mißverständnisse schreiben auch andere dem Aristoteles zu, z. B. Zeller (Plat. Stud. 210 ff., 257 ff.; Phil. d. Gr. II, 1¹. 755 ff.). Weisse (Z. Arist. Physik S. 448, 472 ff.), Stallbaum (Jahrb. f. klass. Philol. 35, 63, 65).

und betrachte als das eigentümliche Wesen des Sinnlichen nur die
Verbindung des Seins mit dem Nichtsein.[1]) Und wenn wir weiter
fragen, wer diese Verbindung des Seins mit dem Nichtsein zustande bringt, so giebt uns Zeller zur Antwort: die Ideen seien das
Wesen der Dinge, die unter sie fallen; die Dinge haben alles, was
sie vom Sein besitzen, lediglich den Ideen zu verdanken, an denen
sie teilnehmen; die Ideen seien mit einem Worte die immanenten
Ursachen der Dinge.[2]) Das steht offenbar im Zusammenhang mit
der bekannten Ansicht Zellers, wonach die Grundlage des Sinnlichen das Nichtseiende sei. Wir werden weiter unten zu zeigen
versuchen, daſs diese Auffassung keineswegs zulässig sein dürfte,
daſs das platonische System die Existenz einer Materie unbedingt
erforderlich macht, und daſs Platon neben den Ideen auch andere
Prinzipien annimmt.[3]) Hier werden wir uns begnügen, nachzuweisen, daſs eine Immanenz der Ideen in den Dingen auf Grund
der platonischen Schriften sich klar und auf das unzweideutigste
bekämpfen läſst. Im Symposion wird ausdrücklich gesagt, daſs das
Schöne an und für sich, getrennt von den an ihm teilnehmenden
Erfahrungsdingen, existiert οὐδέ που ὄν (τὸ καλὸν) ἐν ἑτέρῳ τινί,
οἷον ἐν ζῴῳ ἢ ἐν γῇ ἢ ἐν οὐρανῷ ἢ ἔν τῳ ἄλλῳ, ἀλλὰ αὐτὸ
καϑ᾽ αὑτὸ μεϑ᾽ αὑτοῦ μονοειδὲς ἀεὶ ὄν.[4]) Ebenso im Parmenides
(130 B: αὐτὸς σὺ οὕτω διῄρησαι, ὡς λέγεις, χωρὶς μὲν εἴδη ἄττα,
χωρὶς δὲ τὰ τούτων αὖ μετέχοντα) und Timaios (52 A: ὁμο-
λογητέον ἓν μὲν εἶναι τὸ κατὰ ταὐτὰ εἶδος ἔχον ἀγέννητον καὶ
ἀνώλεϑρον, οὔτε εἰς ἑαυτὸ εἰσδεχόμενον ἄλλο, οὔτε αὐτὸ
εἰς ἄλλο ποι ἰόν). Dementsprechend muſs die Idee immer für sich
in einer Gestalt existieren, nichts in sich aufnehmen, auch in nichts

---

[1]) II, 1⁴. 745.
[2]) II, 1⁴. 686 f. Vgl. II, 1⁴. 745: „Da er (Platon) dem Sinnlichen nicht eine
besondere von der der Ideen verschiedene Realität zuschreibt, da er vielmehr
alle Wirklichkeit einzig und allein in die Idee verlegt, und als das eigentümliche Wesen des Sinnlichen nur die Verbindung des Seins mit dem Nichtsein
betrachtet, so fallen jene Schwierigkeiten in dieser Form für ihn weg. Er
braucht nicht nach einem Dritten zwischen der Idee und der Erscheinung zu
fragen, denn beide sind ihm nicht verschiedene, neben einander stehende Sub-
stanzen, sondern die Idee ist das allein Substanzielle." — Derselben Meinung
sind: Deuschle (Plat. Sprachphil. 27, Plat. Mythen 3), Susemihl (Gen. Entwickl. I, 352, 466 u. a.), Ribbing (Genet. Darst. I, 262, 933 u. a.).
[3]) S. 63 ff.
[4]) 211B.

anderes eingehen. Auch Aristoteles kennt eine Immanenz im Sinne
Platons nicht. Hingegen giebt er an, daſs die Ideen χωριστά sind,
ebenso wie wir bei Platon finden.[1]) Aber Zeller meint, Aristoteles
habe Platons Philosophie in diesem Punkte miſsverstanden.[2]) Ferner
müſsten die Ideen, die Hypothese von der Immanenz zugestanden,
sich bewegende Wesen sein, mithin Leben und Seele besitzen, was
wir in der Betrachtung des Sophistes aus verschiedenen Gründen
als unzulässig erwiesen und der Dialog Phaidon ebensowenig gelten
läſst, wenn die Ideen in ihm wiederholt als das bezeichnet werden,
was ὡσαύτως κατὰ ταὐτὰ ἔχει καὶ οὐδέποτε οὐδαμῇ οὐδαμῶς
ἀλλοίωσιν οὐδεμίαν ἐνδέχεται[3]). Alsdann müſsten die an jenen
teilnehmenden Sinnendinge lebendige Wesen sein, hätten die Ideen
Leben und Seele und wären sie in den Dingen immanent. Das
müſste aus der Bemerkung Platons im Parmenides folgen: οὐκ
ἀνάγκη, εἰ τἆλλα φῂς τῶν εἰδῶν μετέχειν, ἢ δοκεῖν σοι ἐκ
νοημάτων ἕκαστον εἶναι καὶ πάντα νοεῖν ἢ νοήματα ὄντα ἀνόητα
εἶναι;[4]) was Zeller der Behauptung Stallbaums, die Ideen seien
Gedanken der Gottheit,[5]) entgegenhält[6]). Auſserdem müſsten wir
Platon einen Widersinn aufbürden; denn die Dinge wären dann die
Ideen selbst, welche Platon für unvergänglich hält und müſsten
unvergänglich sein, und gingen sie trotzdem zu Grunde, so müſsten
die Ideen unbeschädigt davonkommen, wären sie lebendig und in
den Dingen selbst gegenwärtig. Dies aber zieht Platon mit unverkennbarer Deutlichkeit in Abrede, wenn er im Phaidon folgendes
bemerkt: ἀλλὰ τί κωλύει φαίη ἄν τις, ἄρτιον μὲν τὸ περιττὸν
μὴ γίγνεσθαι ἐπιόντος τοῦ ἀρτίου, ὥσπερ ὡμολόγηται, ἀπολομένου
δὲ αὐτοῦ ἀντ' ἐκείνου ἄρτιον γεγονέναι; τῷ ταῦτα λέγοντι οὐκ ἂν
ἔχοιμεν διαμάχεσθαι, ὅτι οὐκ ἀπόλλυται τὸ γὰρ ἀνάρτιον οὐκ
ἀνώλεθρόν ἐστιν. ἐπεὶ εἰ τοῦτο ὡμολόγητο ἡμῖν, ῥᾳδίως ἂν
διεμαχόμεθα ὅτι ἐπελθόντος τοῦ ἀρτίου τὸ περιττὸν καὶ τὰ τρία
οἴχεται ἐπιόντα. καὶ περὶ πυρὸς καὶ θερμοῦ καὶ τῶν ἄλλων οὕτως

---

[1]) Met. XII, 4. 1078b 30 u. a.
[2]) II, 1¹. 744.
[3]) 78 D.
[4]) 132 B f.
[5]) Parm. 269 (Tim. 41): Ideas esse sempiternas numinis divini cogitationes,
in quibus inest ipsa rerum essentia, ita quidem, ut quales res cogitantur, tales
etiam sint et vi sua consistant.
[6]) II, 1¹. 670, 3.

ἂν διεμαχόμεθα. ἢ οὔ; πάνυ μὲν οὖν[1]), und nur die Idee des
Lebens für ἀνώλεθρον erklärt. Sodann würden wir durch die
Immanenz auf die Teilbarkeit der Ideen zurückkommen, was Platon
im Parmenides nicht gelten läfst[2]). Übrigens wäre nicht zu be-
greifen, wie die Ideen als das Einheitliche und Beharrliche und
Raumlose und schlechthin Wirkliche mit dem absolut Geteilten,
Ruhelosen und Veränderlichen, also mit der Erscheinung sich ver-
binden könnten[3]). Zeller versucht die Immanenz auf eine Art zu
erklären, welcher wir keine besondere Klarheit nachrühmen können.
Er sagt: „Es ist ein und dasselbe Sein, welches rein und ganz in
der Idee, unvollständig und getrübt in der sinnlichen Erscheinung
angeschaut wird, die eine Idee erscheint im Sinnlichen als eine
Vielheit, die Sinnenwelt ist nur die Abschattung der Idee, nur die
vielgestaltige Brechung ihrer Strahlen in dem an sich leeren und
dunklen Raum des Unbegrenzten[4])". Wenn die Idee etwas Lebendes
ist, wie Zeller glaubt, wie kann man in ähnlicher Weise von ihr
sprechen? Müssen nun schon diese Erwägungen uns abhalten, die
Immanenz der Ideen im Geiste Platons zu bejahen, so kommt
hierzu eine weitere, sehr wichtige Frage, wie der Ursprung des
Bösen in der Welt zu erklären wäre. Denn eine unbedingte Folge
dieser Frage wäre, das Böse von der Ideenwelt herzuleiten, eine
Behauptung, die mit den sonstigen Lehren unseres Philosophen in
vollem Widerspruch stehen dürfte. Geben doch Platons deutlichste
Äufserungen den Beweis an die Hand, dafs das Böse nicht von
Gott (also nicht von der Ideenwelt, nach Zeller und Genossen)
sondern von der Grundlage der Erscheinungswelt herrührt, von
einer ἀνάγκη, welche unbestreitbar die Gesetze der körperlichen
Natur bezeichnet und welche die von der Gottheit herstammende
Weltvernunft bei der Weltbildung nicht ganz zu beseitigen vermag.[5])
Aber auch das moralische Übel liefse sich dadurch kaum erklären,
wie wir später noch sehen werden, um nicht nochmals zu erwähnen,
dafs eine Selbstverwirklichung der Ideen in der Erscheinung bestimmtesten Erklärungen Platons widerspricht, wonach die Ideen

---

[1]) 106 B f.
[2]) 131 B f.
[3]) Diese Schwierigkeit sieht Zeller ein, II, 1⁴. 763 f.
[4]) II, 1⁴. 746.
[5]) Tim. 47 E ff.

bloße Urbilder (*παραδείγματα*) sind,[1]) die Dinge aber Abbilder, welche die Form jener haben, solange sie existieren,[2]) und entstehen und vergehen, ohne daß die Idee davon irgendwie berührt wird[3]), und ferner das schaffende Prinzip für die Naturdinge, eine Vernunft, eine Gottheit, für die Kunstprodukte aber und die Tugenden und Laster der Mensch ist[4]).

Aus den bisherigen Erwägungen geht, glauben wir, mit Deutlichkeit hervor, daß die Immanenz sich, wie sie Zeller bei Platon findet, mit der bestimmten Lehre unseres Philosophen nicht vereinigen läßt, daß wir vielmehr durch die Annahme einer solchen von einer Schwierigkeit in die andere geraten müssen, somit daß der ganze Bau der fraglichen Ansicht Zellers bei näherer Betrachtung des platonischen Systems hinfällig wird.

Fassen wir zuletzt die Lehre Platons im Phaidon zusammen, so haben wir folgendes Ergebnis: Die Ideen sind auch hier etwas Unveränderliches, die gleichnamigen Dinge etwas Wandelbares[5]), welches die Form der Idee trägt, so lange es existiert.[6]) Wirkendes Prinzip aber sind nicht die Ideen, sondern, wie im Sophistes eine göttliche Kraft, welche in der Natur wirkt,[7]) so auch hier ein Nus, eine göttliche Macht, welche mit Vernunft alles in der Welt schafft[8]) und für alles sorgt.[9])

C. Philebos.

Wenden wir uns jetzt dem Philebos zu, wo Zeller ebenso die Ideen als die wirkende Ursache zu finden vermeint.

In diesem Dialoge wird die Frage untersucht, ob die Freude und Lust und was dieser Gattung angehört, das Lebensgut sei, wie Philebos behauptet, oder die Einsicht und das Nachdenken und Sicherinnern, kurzum der Besitz der höheren Erkenntniskräfte für

---

[1]) Theät. 176 E. Rep. VII, 540 u. a. Tim. 28 A, 37 C u. a.

[2]) Parm. 132 D. Phaidr. 250 A. Tim. 51 A u. in and. Dial. Vgl. Phaid. 103 E.

[3]) Symp. 211 B: *γιγνομένων τε τῶν ἄλλων καὶ ἀπολλυμένων μηδὲν ἐκεῖνο μήτε τι πλέον μήτε ἔλαττον γίγνεσθαι μηδὲ πάσχειν μηδέν.*

[4]) S. oben S. 17 f.

[5]) 78 D u. ö.

[6]) 103 E.

[7]) 265 C: *θεοῦ δημιουργοῦντος.* Ebenda: *τὴν φύσιν αὐτὰ γεννᾶν μετὰ λόγου τε καὶ ἐπιστήμης θείας ἀπὸ θεοῦ γιγνομένης.*

[8]) Ähnlich wie der Mensch, 98 E.

[9]) 97 D. 99 C. 62 B D, vgl. 63 C.

alle diejenigen, welche dieser Dinge teilhaftig zu werden vermögen.[1]) Nachdem jedoch zugestanden wurde, daſs weder die Lust, noch die Einsicht das Gute sei, weil keine von beiden allein zur Glückseligkeit genüge, die das Gute gewähren muſs,[2]) sondern ein aus Vernunft und reiner Lust gemischtes Leben, was sich dementsprechend des Siegespreises würdig erweise,[3]) so erhebt sich weiter die Frage, ob der zweite Preis der Vernunft und Einsicht, oder der Lust gehöre. Um den Nachweis zu erbringen, daſs die Vernunft, da sie der höchsten Ursache verwandt sei, dem höchsten Gute näher stehe, als die Lust, macht Sokrates den Versuch, sie beide auf die höchsten Prinzipien zurückzuführen.[4]) Er unterscheidet daher folgende: 1) das Unbegrenzte (ἄπειρον); 2) die Grenze (πέρας); 3) das aus beiden Gemischte (ξυμμισγόμενον); 4) die Ursache der Mischung (τῆς ξυμμίξεως τούτων πρὸς ἄλληλα τὴν αἰτίαν.[5])

In dieser Aufstellung der Prinzipien des Seins werden die Ideen nicht ausdrücklich genannt[6]), daſs sie aber unter einem derselben zu verstehen sind, scheint des Beweises kaum zu bedürfen. Fragt man aber, unter welcher der angegebenen Arten des Seins sie zu verstehen sind, so läſst sich leicht erkennen, daſs sie weder dem ἄπειρον, noch dem ξυμμισγόμενον angehören. Denn das erstere ist offenbar nach der Beschreibung das, was das Mehr oder Minder und Ähnliches aufnehmen kann, somit das, was Platon, nach den Zeugnissen des Aristoteles, in seinen mündlichen Vorträgen μέγα καὶ μικρόν nannte[7]), mit dem nicht blos das Stoffliche,

---

[1]) 11 B f.

[2]) 11 D. 20 C u. o.

[3]) 22 A f.

[4]) 23 C.

[5]) Die zwei gespaltenen Arten des Seins (23 E) sind nicht das ἄπειρον und das ξυμμισγόμενον, wie Zeller meint, sondern das ἄπειρον und πέρας. Wird es doch gesagt: λέγω τοίνυν τὰ δύο, ἃ προτίθεμαι, ταῦτ᾽ εἶναι ἅπερ νῦν δή, τὸ μὲν ἄπειρον, τὸ δὲ πέρας ἔχον κτλ. (24 A). Vgl. 25 D: ἣν (τὴν τοῦ πέρατος γένναν) καὶ νῦν δὴ δέον ἡμᾶς, καθάπερ τὴν τοῦ ἀπείρου συνηγάγομεν εἰς ἕν, οὕτω καὶ τὴν τοῦ περατοειδοῦς συναγαγεῖν, οἳ συνηγάγομεν κτλ. Ähnlich Stallbaum (Plat. Phileb. p. 160 f.).

[6]) Aus dem Grunde hat Schaarschmidt die Echtheit des Dialogs bezweifelt. Vgl. dagegen Zeller (II, 1¹. 691, 3), der mit Recht darauf hinweist, daſs der Ideen in unserem Dialoge ausdrücklich erwähnt wird (15 A. 16 C f. 58 C f. 59 C. 61 E f. u. o.).

[7]) Phys. III. 4. 203 a 15: Πλάτων δύο τὰ ἄπειρα, τὸ μέγα καὶ τὸ μικρόν. G. 206 b 27: καὶ Πλάτων διὰ τοῦτο δύο τὰ ἄπειρα ἐποίησεν, ὅτι καὶ ἐπὶ τὴν αὔξην δοκεῖ ὑπερβάλλειν καὶ εἰς ἄπειρον ἰέναι καὶ ἐπὶ τὴν καθαίρεσιν.

die platonische Materie, also das absolut Gestaltlose des Timaios, das der Sinnenwelt zu Grunde liegt, gemeint wird,[1]) sondern überhaupt das Unbeständige und Formlose, welches durch kein festes Maß gebunden[2]) und auch als Bestandteil von Zuständen und Vorgängen vorkommt.[3]) Das zweite wird definiert als die γεγενημένη οὐσία[4]), und es kann keinem Zweifel unterliegen, daß es alles in der Erfahrung Gegebene und Wahrnehmbare, alles Gewordene und Werdende ist, welches durch die Mischung des ἄπειρον mit dem πέρας entsteht[5]).

Es bleiben demnach die zwei anderen Gattungen des Seins übrig, das πέρας und die αἰτία. Doch stehen wir wieder vor der Frage, ob die Ideen unter dem ersteren oder unter dem letzteren gemeint sind. Die meisten Gelehrten sind der Ansicht, daß sie unter der ersteren dieser Arten zu verstehen seien, unter dem πέρας, u. a. Brandis,[6]) Steinhart,[7]) Susemihl,[8]) Rettig,[9]) Teichmüller,[10]) während Zeller dagegen meint, daß sie unter die αἰτία fallen.[11])

Sieht man sich nun nach hinlänglicher Begründung der einen oder der anderen der letzterwähnten Meinungen um, so wird man nicht leugnen können, daß dem Philosophen die αἰτία etwas von den Ideen ganz verschiedenes ist. Einen Erweis hierfür denken wir im folgenden führen zu können.

Die αἰτία tritt im Philebos als dasjenige auf, was die Mischung des ἄπειρον mit dem πέρας verursacht, aus welcher die sinnlichen

[1]) Tim. 48 E ff.

[2]) „Ὁπόσ' ἂν ἡμῖν φαίνηται μᾶλλόν τε καὶ ἧττον γιγνόμενα καὶ τὸ σφόδρα καὶ ἠρέμα δεχόμενα καὶ τὸ λίαν καὶ ὅσα τοιαῦτα πάντα εἰς τὸ τοῦ ἀπείρου γένος ὡς εἰς ἓν δεῖ πάντα ταῦτα τιθέναι". Phileb. 24 E f.

[3]) Wie hier u. a. in psychischen Zuständen und Vorgängen (31 A ff.).

[4]) 27 B, vgl. 26 D: γένεσις εἰς οὐσίαν ἐκ τῶν μετὰ πέρατος ἀπειργασμένων μέτρων.

[5]) Die Meinung des Engländers Jackson, wonach die Ideen unter das Gemischte fallen, können wir auch nicht gutheißen. Zeller widerlegt sie mit Recht in Sitzungsber. der Berl. Akad. (1887) S. 199. 206. Vgl. auch Phil. der Gr. II, 1¹. 668, 3. 692, 1.

[6]) Gr.-Röm. Phil. II a, 322.

[7]) Plat. WW. IV, 640 f.

[8]) Genet. Entw. II, 13.

[9]) Αἰτία im Philebos 13 ff. De pantheismo Plat. comment. alt.

[10]) Stud. z. Gesch. d. Begr. 255 ff.

[11]) II, 1¹. 691.

Dinge zustande kommen. Es heißt hier: ὅρα γὰρ εἴ σοι δοκεῖ ἀναγκαῖον εἶναι τὰ γιγνόμενα διά τινα αἰτίαν γίγνεσθαι. Ἔμοιγε· Πῶς γὰρ ἂν χωρὶς τούτου γίγνοιτο;[1]) Demnach fällt ihr dieselbe Rolle zu, wie dem Demiurg des Timaios, von dem gesagt wird: πᾶν δὲ αὖ τὸ γιγνόμενον ὑπ' αἰτίου τινὸς ἐξ ἀνάγκης γίγνεσθαι· παντὶ γὰρ ἀδύνατον χωρὶς αἰτίου γένεσιν σχεῖν[2]) und wieder: τῷ δ' αὖ γενομένῳ φαμὲν ὑπ' αἰτίου τινὸς ἀνάγκην εἶναι γενέσθαι.[3]) Die ganze Beschreibung der αἰτία stimmt im Philebos und im Timaios in allen Zügen überein. Im ersteren wird sie als das ποιοῦν[4]) bezeichnet; ferner als das τὰ πάντα δημιουργοῦν[5]), als νοῦς βασιλεὺς ἡμῖν οὐρανοῦ τε καὶ γῆς,[6]) νοῖς καὶ φρόνησις θαυμαστή,[7]) welche τὰ ξύμπαντα καὶ τόδε τὸ καλούμενον ὅλον ordnet und lenkt. Im letzteren werden ihr die Epitheta δημιουργός,[8]) ποιητὴς καὶ πατὴρ τοῦδε τοῦ παντός,[9]) ὁ ποιῶν,[10]) ὁ ἅπαντα ταῦτα διατάξας,[11]) ὁ θεὸς[12]) beigegeben. Sie ist ein vernünftiges Prinzip, ein νοῦς ähnlich dem des Anaxagoras[13]) und des Sokrates,[14]) welcher das All ordnet, wie den Materialisten gegenüber mit unverkennbarer Deutlichkeit hervorgehoben wird. Heißt es doch: „Πότερον, ὦ Πρώταρχε, τὰ ξύμπαντα καὶ τόδε τὸ καλούμενον ὅλον ἐπιτροπεύειν φῶμεν τὴν τοῦ ἀλόγου καὶ εἰκῇ δύναμιν καὶ τὸ ὅπῃ ἔτυχεν, ἢ τἀναντία, καθάπερ οἱ πρόσθεν ἡμῶν ἔλεγον, νοῦν καὶ φρόνησίν τινα θαυμαστὴν συντάττουσαν διακυβερνᾶν;[15]) und wieder: τοῦτον δὴ τὸν λόγον ἡμᾶς μή τι μάτην δόξῃς, ὦ Πρώταρχε, εἰρηκέναι, ἀλλ' ἔστι τοῖς μὲν πάλαι ἀπο-

---

[1]) 26 E.

[2]) 28 A.

[3]) 28 C.

[4]) 26 E: „οὐκοῦν ἡ τοῦ ποιοῦντος φύσις οὐδὲν πλὴν ὀνόματι τῆς αἰτίας διαφέρει, τὸ δὲ ποιοῦν καὶ τὸ αἴτιον ὀρθῶς ἂν εἴη λεγόμενον ἕν; Ὀρθῶς".

[5]) 27 B.

[6]) 28 C: „πάντες γὰρ συμφωνοῦσιν οἱ σοφοὶ ἑαυτοὺς ὄντως σεμνύνοντες, ὡς νοῦς ἐστι βασιλεὺς ἡμῖν οὐρανοῦ τε καὶ γῆς".

[7]) 2 D, vgl. 30 C.

[8]) 28 A.

[9]) 28 C.

[10]) 31 A.

[11]) 42 E.

[12]) 30 A f. 31 B. 32 B u. ö.

[13]) Was wir schon im Phaidon (97 B ff.) gesehen haben.

[14]) Memor. I, 4. 17.

[15]) 28 D.

φηναμένοις, ὡς ἀεὶ τοῦ παντὸς νοῦς ἄρχει, ξύμμαχος ἐκείνοις."[1]) Anaxagoras erklärte aus der Harmonie des Weltalls, dafs ein *νοῦς* Alles ordne,[2]) und ähnlich Sokrates, der, wie aus den Xenophontischen Memorabilien zu ersehen ist, aus der Zweckmäfsigkeit der Welt eine im All waltende Vernunft verkündigte, welche alles ordne und erhalte.

Diese Vernunft im All ist, nach Sokrates, wie der Verstand im Menschen.[3]) Im Anschlufs an beide lehrt auch Platon hier, dafs der Anblick der Welt ein vernünftiges, weltbildendes Prinzip erfordert.[4]) Er behält das Prinzip seiner grofsen Vorgänger bei, wie es aus diesem Dialoge besonders ersichtlich ist.[5])

Ist aber die *αἰτία*, wie es sich mit Sicherheit herausgestellt hat, gleich dem Demiurg des Timaios, so ist durchaus nicht möglich, dafs sie mit den Ideen zusammenfalle. Die Ideen sind im Timaios etwas vom Weltschöpfer ganz verschiedenes, ein unbewegtes Vorbild,[6]) nach dem Gott die Welt schafft,[7]) kurz das formale Prinzip, während der Demiurg das wirkende, weltbildende Prinzip ist. Und wie verhält es sich mit dem Philebos? Sind in diesem etwa die Ideen gleich der *αἰτία*? Auch hier ist es keineswegs der Fall. Sind doch die Ideen auch in unserem Dialoge etwas für sich Seiendes,[8]) welches ungeworden und unvergänglich stets in einer

---

[1]) 30 D.

[2]) Bei Simpl. 33, 156. 13: „*πάντα διεκόσμησε νόος καὶ τὴν περιχώρησιν ταύτην, ἣν νῦν περιχωρεῖ τά τε ἄστρα καὶ ὁ ἥλιος καὶ ἡ σελήνη καὶ ὁ ἀὴρ καὶ ὁ αἰθὴρ οἱ ἀποκρινόμενοι*".

[3]) Memor. I, 4. 17: „*ὦ 'γαθέ, κατάμαθε, ὅτι ὁ σὸς νοῦς ἐνὼν τὸ σὸν σῶμα ὅπως βούλεται μεταχειρίζεται, οἴεσθαι οὖν χρὴ καὶ τὴν ἐν τῷ παντὶ φρόνησιν τὰ πάντα, ὅπως ἂν αὐτῇ ἡδὺ ᾖ, οὕτω τίθεσθαι κτλ.*" Vgl. I, 4. 18. I, 4. 18: „*σὺ δὲ σαυτὸν φρόνιμόν τι δοκεῖς ἔχειν, ἄλλοθι δὲ οὐδαμοῦ οὐδὲν οἴει φρόνιμον εἶναι; καὶ ταῦτα εἰδὼς ὅτι γῆς τε μικρὸν μέρος ἐν τῷ σώματι πολλῆς οὔσης ἔχεις — νοῦν δὲ ἄρα οὐδαμοῦ ὄντα σε εὐτυχῶς πως δοκεῖς συναρπάσαι καὶ τάδε τὰ ὑπερμεγέθη καὶ πλῆθος ἄπειρα δι' ἀφροσύνην οὕτως οἴει ἀτάκτως ἔχειν; IV, 3. 14.*

[4]) 28 E: „*τὸ δὲ νοῦν πάντα διακοσμεῖν αὐτὰ φάναι καὶ τῆς ὄψεως τοῦ κόσμου καὶ ἡλίου καὶ σελήνης καὶ πάσης τῆς περιφορᾶς ἄξιον, καὶ οὐκ ἄλλως ἔγωγ' ἂν περὶ αὐτῶν εἴποιμι, οὐδ' ἂν δοξάσαιμι*". Vgl. Polit. 273 D, Gess. X, 886 ff. XII, 966 E: „*νοῦς ἐστι τὸ πᾶν διακεκοσμηκώς*".

[5]) 28 C f.

[6]) 38 A.

[7]) 28 A. 29 A.

[8]) 53 D: *αὐτὸ καθ' αὐτό*.

Gestalt bleibt,[1]) während die Einzeldinge entstehen und vergehen.[2]) Wirkendes Prinzip ist die *αἰτία*, welche alle Naturdinge mit Vernunft hervorbringt, wie der Verstand im Menschen.[3]) Die Ideen sind das formale[4]) und zugleich das Zweckprinzip.[5])

Aus dem Angeführten ergibt sich ohne Weiteres, daß wir die *αἰτία* weder mit der Gesamtheit der Ideen (wie Zeller), noch mit der höchsten derselben, der des Guten,[6]) sondern mit dem Nus des Anaxagoras und Sokrates, mit der Gottheit zusammenhalten müssen. Wie aber diese Gottheit zu verstehen ist, das ist eine Frage, die wir weiter unten erörtern werden.

Gehen wir jetzt zur anderen Auffassung über. Sind mit dem *πέρας* die Ideen gemeint? Die Antwort auf diese Frage wird aus der nachstehenden Erörterung folgen. Es ist zuvörderst zu beachten, daß die Grenze Zahl und Maß als Inhalt hat: *πᾶν ὅ εἴπερ ἂν πρὸς ἀριθμὸν ἀριθμὸς ἢ μέτρον ᾖ πρὸς μέτρον, ταῦτα ξύμπαντα εἰς τὸ πέρας ἀπολογιζόμενοι καλῶς ἂν δοκοῖμεν δρᾶν τοῦτο· ἢ πῶς σὺ φῂς; Κάλλιστά γε, ὦ Σώκρατες·*[7]) Weiterhin wird sie als dasjenige bezeichnet, was mit dem *ἄπειρον* gemischt wird, um die *οὐσίαι*, die Dinge hervorzubringen, und scheint somit ein immanenter Bestandteil alles Seienden zu sein. Ist aber dies der Fall, wie ist es dann möglich, daß die Grenze als solche mit der Idee zusammenfalle, wenn die Ideen nach Platon, wie wir schon gesehen, an und für sich sind und die Sinnendinge ihnen nachgebildet werden? Um der Beantwortung dieser Frage gerecht zu werden, müssen wir untersuchen, wie die Hervorbringung der Erscheinungsdinge geschieht. Unzähligemale sagt Platon, daß die Ideen Urbilder sind, die sichtbaren Dinge aber Abbilder. Die einzelnen, heißt es im Phaidon,[8]) haben die Form der Idee, solange

---

[1]) 61E: „*τὰ μήτε γιγνόμενα, μήτε ἀπολλύμενα, κατὰ ταὐτὰ δὲ καὶ ὡσαύτως ὄντα ἀεί*“. Vgl. 58A: „*τὸ ὂν καὶ τὸ ὄντως καὶ τὸ κατὰ ταὐτὸν ἀεὶ πεφυκός*“, 59A: *τὰ ὄντα ἀεί*, C: *τὰ ἀεὶ κατὰ ταὐτὰ ὡσαύτως ἀμικτό- τατα ἔχοντα*, D: *τὸ ὄντως ὄν*, 62A: *τῶν ὄντων ὡσαύτως.*

[2]) 61D: *γιγνόμενα καὶ ἀπολλύμενα*, vgl. 59A.

[3]) 30A f.

[4]) 62A f.

[5]) 54C: *ξύμπασαν δὲ γένεσιν οὐσίας ἕνεκα γίγνεσθαι ξυμπάσης*, vgl. 53E, 58D: *εἴ τις πέφυκε τῆς ψυχῆς ἡμῶν δύναμις ἐρᾶν τε τοῦ ἀληθοῦς καὶ πάντα ἕνεκα τούτου πράττειν κτλ.*“

[6]) Wie Steinhart a. a. O. IV, 643 f., Susemihl a. a. O. II, 17 f.

[7]) 25A

[8]) 103E.

sie existieren. Wie wird ihnen nun die Form zu teil? Im Timaios und Philebos wird das Mathematische als das Mittel dazu angegeben. Nach dem erstgenannten Dialoge sind die Ideen für sich, von den Gleichnamigen getrennt, unbewegte Prinzipien, die Materie steht ihnen gegenüber. Der Demiurg schafft die Welt im Hinblick auf die Ideen, indem er durch Einschiebung von Nummern, durch Analogie und Symmetrie, die Materie gestaltet. Es heißt nämlich dort: 69 B: Ὥσπερ οὖν κατ' ἀρχὰς ἐλέχθη, ταῦτα ἀτάκτως ἔχοντα ὁ θεὸς ἐν ἑκάστῳ τε αὐτῷ πρὸς αὐτὸ καὶ πρός ἄλληλα συμμετρίας ἐνεποίησεν, ὅσας τε καὶ ὅπῃ δυνατὸν ἦν ἀνάλογα καὶ σύμμετρα εἶναι, 53 B: — καὶ τὸ μὲν δὴ πρὸ τούτου πάντα ταῦτ' ἔχειν ἀλόγως καὶ ἀμέτρως· ὅτε δ' ἐπεχειρεῖτο κοσμεῖσθαι τὸ πᾶν, πῦρ πρῶτον καὶ ὕδωρ καὶ γῆν καὶ ἀέρα, ἴχνη μὲν ἔχοντα αὐτῶν ἄττα, παντάπασί γε μὴν διακείμενα, ὥσπερ εἰκὸς ἔχειν ἅπαν, ὅταν ἀπῇ τινος θεός, οὕτω δὴ τότε πεφυκότα ταῦτα πρῶτον διεσχηματίσατο εἴδεσί τε καὶ ἀριθμοῖς.[1]) Ferner wird im Philebos geltend gemacht, daß die Gattung der Grenze durch Einführung von Zahl die Verschiedenheit des Entgegengesetzten aufhebt und es ebenmäßig und zusammenstimmend bildet: τὴν τοῦ ἴσου καὶ διπλασίου καὶ ὁπόσῃ παύει πρὸς ἄλληλα τἀναντία διαφόρως ἔχοντα, σύμμετρα δὲ καὶ σύμφωνα ἐνθεῖσα ἀριθμὸν ἀπεργάζεται.[2]) Hieraus tritt, meinen wir, zu Tage, daß das πέρας mit dem gleichgesetzt werden darf, welchem die wahrnehmbaren Dinge nachgebildet werden, mit den Ideen, welche den Naturdingen von der Gottheit und der Weltseele nachgeprägt werden. Wenn daher Zeller das πέρας mit der Weltseele gleichstellt,[3]) so können wir ihm nicht beipflichten, da diese etwas Abgeleitetes ist, was von jenem nicht behauptet werden dürfte.[4]

---

[1]) Vgl. auch 52 D, 56 C: ὑπ' αὐτοῦ (τοῦ θεοῦ) ξυνηρμόσθαι ταῦτα ἀνὰ λόγον.

[2]) 25 D, vgl. 26 A f.

[3]) II⁴, 1. 780.

[4]) Platon stellte das Mathematische zwischen die Ideen und die Erscheinungswelt, wie wir von Aristoteles erfahren Met. I, 6. 987 a 14: „ἔτι δὲ παρὰ τὰ αἰσθητὰ καὶ τὰ εἴδη τὰ μαθηματικὰ τῶν πραγμάτων εἶναί φησι μεταξύ, διαφέροντα τῶν μὲν αἰσθητῶν τῷ ἀίδια καὶ ἀκίνητα εἶναι, τῶν δὲ εἰδῶν τῷ τὰ μὲν πόλλ' ἄττα ὅμοια εἶναι, τὸ δὲ εἶδος αὐτὸ ἓν ἕκαστον μόνον". Vgl. auch VII, 2. 1028 b. Daß es aber mit der Weltseele nicht gleichgestellt werden darf, erhellt auch daraus, daß diese etwas Lebendiges, jenes etwas Unbewegliches ist, wie Aristoteles in der soeben angeführten Stelle ausdrücklich sagt. Auf diese Schwierigkeit stößt auch Zeller (781, 1).

Aus unserer Untersuchung des Philebos geht also mit Sicherheit hervor, daß die platonische Lehre in diesem Dialoge in Allem genau der des Timaios entspricht, und zwar die *αἰτία* im Philebos dem Demiurg des Timaios, das *ἄπειρον* der Materie, das *ξυμμιογόμενον* den *ὁμοιώματα*, das *πέρας* den Ideen. Auf diese Weise glauben wir denn nachgewiesen zu haben, daß das *πέρας* mit den Ideen, dem formgebenden, die *αἰτία* mit dem weltbildenden Prinzip, mit der Gottheit zusammenfallen muß.

D. Timaios.

Ausgesprochenermaßen unbewegt sind die Ideen auch im Timaios. In diesem Dialoge liefert Platon in zusammenhängender Darstellung die teleologische Weltanschauung, welche er bei den Vorsokratikern nicht fand und von Anaxagoras vergeblich gehofft hatte.

Die Prinzipien seines Systems setzt er hier am klarsten auseinander. Es sind folgende: 1) Die Ideen, etwas Ungewordenes und Unvergängliches, welches stets für sich ist und weder in sich jemals etwas anderes aufnimmt, noch selbst in anderes eingeht; unbewegt und nur mit dem Denken zu erfassen sind sie das *παράδειγμα*, dem der Weltschöpfer die Einzeldinge nachbildet;[1] 2) die Sinnendinge, welche in einem bestimmten Orte entstehen und wieder vergehen und im beständigen Wandel begriffen sind;[2] 3) die Grundlage der Erscheinungswelt, der Schoß alles Werdens, eine Masse, welche die Abdrücke aller Formen der Ideen aufnimmt (*ἐκμαγεῖον*) und dadurch gestaltet wird (*κινούμενον καὶ διασχηματιζόμενον ὑπὸ τῶν εἰσιόντων.*[3] 4) Der Demiurg,[4] das weltbildende Prinzip, welches die Welt nach den Ideen schafft.

Gott hat die Materie vorgefunden.[5] Er erschuf zuerst von dieser und der Ideenwelt die Weltseele und dann den Körper des Alls.[6] Die erstere ist die Ursache aller geordneten Bewegung und aller Zweckmäßigkeit in der Welt; die wunderbare Bewegung aller

---

[1] 27 D f. 29 A. 51 D f. 52 A. 38 A: *τὸ ἀεὶ κατὰ ταὐτὰ ἔχον ἀκινήτως.*

[2] 52 A, vgl. 27 D.

[3] 49 A ff. 50 C ff. 52 B ff.

[4] 28 A: *δημιουργός,* C: *ποιητὴς καὶ πατὴρ τοῦδε τοῦ παντός,* 30 A: *θεός,* vgl. auch 31 B. 32 B. 53 B. 56 C u. a. St.

[5] 30 A. 52 D. 69 B. Vgl. Polit. 269 D. 273 B.

[6] 34 B ff. 31 B ff.

Himmelskörper geht durch sie von statten.[1]) Dann bildete er die Gestirne, Erde (in der Mitte), Sonne, Mond und fünf andere Wandelsterne und den Fixsternhimmel.[2]) Schliefslich schuf er den unsterblichen Teil der Menschenseelen in demselben Gefäfse wie die Weltseele und aus denselben Bestandteilen.[3]) So viel erschuf der Weltschöpfer selbst, wie der Timaios erzählt, alles Andere aber in der Natur überliefs er den gewordenen Göttern (Weltseele-Gestirne), welche auf des Weltbildners Geheifs den sterblichen Teil der Menschenseele, den Körper der Menschen und alles andere Lebende zur Vollendung des Weltganzen zu erzeugen übernahmen.[4])

Mit Unrecht pflegt man diesen Dialog ohne Weiteres als eine mythische Darstellung in der Systematisirung der platonischen Philosophie bei Seite zu schieben, wie Zeller, der sagt: „Erst im Timaios wird der Weltbildner als wirkende Ursache den Ideen zur Seite gestellt, aber das Verhältnis beider bleibt zu unklar, als dafs seine Einführung für eine wissenschaftliche Lösung der Frage gelten könnte."[5]) Es ist allerdings nicht zu verkennen, dafs die Erzählung des Timaios das mythische Gewand trägt. So z. B. wenn er den Weltschöpfer anthropomorphistisch einführt, als Werkmeister, der die Weltseele und alles Andere schafft und sich an seinem Werke freut, wie der Jahve in der mosaischen Weltschöpfung[6]), dafs jedoch der Kern des Dialogs nur die echte Lehre Platons gibt, halten wir für zweifellos aus folgenden Gründen:

1) Gleich im Anfang seiner Reden über das All läfst Platon den Timaios die Prinzipien des Seins folgendermafsen aufstellen: „τὸ δ' ἡμέτερον παρακλητέον ᾗ ῥᾷστ' ἂν ὑμεῖς μὲν μάθοιτε,

---

[1]) 36 D ff. 41 A ff. u. a.

[2]) 36 B ff. 40 A f.

[3]) 41 D f.

[4]) 41 B ff. 42 E ff. 69 C: „Καὶ τῶν μὲν θείων αὐτὸς γίγνεται δημιουργός, τῶν δὲ θνητῶν τὴν γένεσιν τοῖς ἑαυτοῦ γεννήμασι δημιουργεῖν προσέταξει"

[5]) Phil. d. Gr. II⁴, 1. 695, vgl. 765 „— an die Stelle der wissenschaftlichen Erklärung tritt die populäre Vorstellung des Weltbildners, der nach Art eines menschlichen Künstlers, aber mit wunderbarer Macht eines Gottes, den Stoff gestaltet". Plat. Stud. 208 f. Susemihl, Entw. II, 313 ff. Ribbing I, 370 Anm. 735. Windelband a. a. O. 109.

[6]) Vgl. 37 C: „ὡς δὲ κινηθὲν αὐτὸ καὶ ζῶν ἐνόησε τῶν ἀϊδίων θεῶν (ἰδεῶν) γεγονὸς ἄγαλμα ὁ γεννήσας πατήρ, ἠγάσθη τε καὶ εὐφρανθεὶς ἔτι δὴ μᾶλλον ὅμοιον πρὸς τὸ παράδειγμα ἐπενόησεν ἀπεργάσασθαι" mit Mos. I, 1, 31.

ἐγὼ δὲ ᾗ διανοοῦμαι μάλιστ' ἄν περὶ τῶν προκειμένων ἐνδειξαίμην· ἔστιν οἶν δὴ κατ' ἐμὴν δόξαν διαιρετέον τάδε· τὶ τὸ ὂν ἀεὶ κτλ.[1]) Dafs hier Platons eigentliche Meinung vorliegt, zeigt einmal das hinzugefügte „ἐγὼ δὲ ᾗ διανοοῦμαι μάλιστ' ἄν", sodann die Übereinstimmung der angegebenen Prinzipien mit denen des Philebos.[2]) Ferner verdeutlicht auch das Folgende die wahre Meinung des Philosophen, wie wir daraus ersehen, dafs es hier wiederholt heifst, die in diesem Dialoge niedergelegte Lehre sei die wahrscheinliche,[3]) und der Grund dieser Darstellung liege darin, dafs es sich um das Sinnliche handelt, welches nur Glauben, keine Wahrheit biete. Eben deshalb können, wie Platon ausdrücklich bemerkt, die Reden nicht unwidersprechlich und unerschütterlich sein (ἀνέλεγκτοι καὶ ἀκίνητοι).[4]) Ἐὰν οὖν wird hinzugefügt ὦ Σώ- κρατες, πολλὰ πολλῶν εἰπόντων περὶ θεῶν καὶ τῆς τοῦ παντὸς γενέσεως μὴ δυνατοὶ γιγνώμεθα πάντη πάντως αὐτοῖς ὁμολογου- μένους λόγους καὶ ἀπηκριβωμένους ἀποδοῦναι, μὴ θαυμάσῃς. ἀλλ' ἐὰν ἄρα μηδενὸς ἧττον περεχάμεθα εἰκότας ἀγαπᾶν χρή, μεμνημένους ὡς ὁ λέγων ἐγὼ ὑμεῖς τε οἱ κριταὶ φύσιν ἀν- θρωπίνην ἔχομεν, ὥστε περὶ τούτων τὸν εἰκότα μῦθον ἀποδεχο- μένους πρέπει τούτου μηδὲν πέρα ζητεῖν".[5]) Ein schlagender Beweis aber für die Richtigkeit unserer Auffassung des Timaios ist, dafs die platonische Lehre hierbei mit der der anderen Dialoge im Einklang steht, und zwar mit der des Philebos, wo die Reden un- bestreitbar streng wissenschaftliche Form haben. Nicht nur die Prinzipien des Seins, wie sie hier dargestellt werden, stimmen völlig mit denen des Philebos überein, sondern es liegen uns auch die anderen wichtigsten Punkte des platonischen Systems hier vor, wie in jenem Dialoge. So läfst Platon auch im Philebos die Welt- seele durch eine überweltliche αἰτία entstehen wie in unserem Ge- spräche durch den Demiurg. Οὐκοῦν, heifst es da, ἐν μὲν τῇ τοῦ

---

[1]) 27 B.
[2]) Vgl. Tim. 27 D ff. 48 E mit Phil. 23 C ff.
[3]) 29 B: εἰκότας λόγους, εἰκότα μῦθον. 30 B: κατὰ λόγον τὸν εἰκότα δεῖ λέγειν. 44 D. 68 D: τὰ μὲν οὖν περὶ ψυχῆς ὅσον θνητὸν ἔχει καὶ ὅσον θεῖον καὶ ὅπῃ καὶ μεθ' ὧν καὶ δι' ἃ χωρὶς ᾠκίσθη, τὸ μὲν ἀληθές, ὡς εἴρηται, θεοῦ ξυμφήσαντος τότ' ἄν οὕτω μόνως διισχυριζοίμεθα· τό γε μὴν εἰκὸς ἡμῖν εἰρῆσθαι καὶ νῦν καὶ ἔτι μᾶλλον ἀνασκοποῦσι διακινδυνευτέον τὸ φάναι καὶ πεφάσθω.
[4]) 29 B.
[5]) 29 C f.

Διὸς φύσει βασιλικὴν μὲν ψυχήν, βασιλικὸν δὲ νοῦν ἐγγίγνεσθαι διὰ τὴν τῆς αἰτίας δύναμιν κτλ.;[1]) ferner aus der Weltseele die Menschenseelen, wie im Timaios, wo augenscheinlich dasselbe dargestellt wird.[2]) Ebenso besagen dasselbe beide Dialoge, wenn Philebos erzählt, daſs die Körper der Menschen und Tiere dem Körper des Weltalls entstammen, Timaios aber in Wahrheit und Dichtung, daſs der Demiurg den gewordenen Göttern (Weltseele-Gestirne) befahl, die lebenden Wesen zu erschaffen und zu ernähren und nach dem Tode wieder aufzunehmen.[3]) Aus dem schon Gesagten aber erhellt, daſs der Demiurg des Timaios keine durchaus mythische Gestalt ist, wie Zeller meint, sondern die *αἰτία* des Philebos selber in einem mythischen Gewande. Wir brauchen daher nur diese dichterische Hülle abzuziehen, um sofort die wahre Lehre Platons vor uns zu haben. Wie im Sophistes, wo es von den Naturdingen heiſst, daſs sie *θεοῦ δημιουργοῦντος* entstehen, und wiederum, daſs die Natur sie erzeugt *μετὰ λόγου τε καὶ ἐπιστήμης θείας ἀπὸ θεοῦ γιγνομένης*,[4]) leicht zu ersehen ist, daſs der Philosoph die Natur als die unmittelbare Schöpferin der Naturdinge ansicht, und er der Ansicht ist, es sei ein höheres Wesen, eine Gottheit, die der Natur die Kraft verleiht, alles zweckmäſsig zu schaffen,[5]) so verhält sich die Sache auch im Philebos und Timaios. Auch hier ist die Natur zunächst Erde und übrige Gestirne, welche die Menschen und alles Lebende unmittelbar hervorbringen.[6]) Die

---

[1]) 30 D.

[2]) 34 B ff.

[3]) Phileb. 29 A ff. Tim. 41 B ff. C: „*τὸ δὲ λοιπὸν ὑμεῖς, ἀθανάτῳ θνητὸν προσυφαίνοντες, ἀπεργάζεσθε ζῷα καὶ γεννᾶτε τροφήν τε διδόντες αὐξάνετε καὶ φθίνοντα πάλιν δέχεσθε.*"

[4]) 265 C. E: *τὰ μὲν φύσει λεγόμενα ποιεῖσθαι θείᾳ τέχνῃ.* 266 B: *θεοῦ γεννήματα.*

[5]) Wenn Zeller, von der Voraussetzung ausgehend, die Ideen seien die Ursachen schlechthin, selbst hier unter Gott die Idee des Guten und neben ihr die untergeordneten Ideen finden will, indem er sagt: „So wenig es daher unserer Stelle widerstreitet, daſs die sterblichen Wesen im Timaius von den gewordenen Göttern gebildet werden, ebenso wenig würde es ihr widerstreiten, wenn Plato angenommen hätte, daſs neben der Idee des Guten auch die ihr untergeordneten Ideen an der Entstehung der Dinge thätigen Anteil haben" (Archiv f. Gesch. d. Phil. IX, 570), so dürfte sich diese Erklärung nicht halten lassen. Denn es entgeht niemandem, daſs es sich hier, wie im Timaios und Philebos, um die Weltseele handelt, welche von einer höheren Macht, nach Platons Überzeugung, ihre Kraft hat und von den Ideen ganz verschieden ist.

[6]) Daſs auch die Planeten, ähnlich wie die Erde, Bewohner haben, geht aus

Natur bringt alles in gewissen unveränderlichen Gestalten hervor,
die Menschen, die Pflanzen und alles übrige. Um dies aber fertig
bringen zu können, muſs sie eine Kraft in sich haben, gewisse Gesetze,
nach denen sie die Dinge erzeugt. Diese Kraft, diese Gesetze nennt
unser Philosoph Weltseele, und glaubt, daſs sie von einem über-
weltlichen Wesen herrühre, welches er in seinen verschiedenen
Dialogen als Ursache, Vernunft, Gott, Demiurg u. dgl. bezeichnet.
Die Ideen sind die unveränderlichen Typen, deren Gestalt die
Naturdinge annehmen, wenn sie zur Vollendung gebracht sind. Daſs
nun freilich nur durch das Bildliche der Sprache die Ideen als
παραδείγματα hingestellt werden, denen der Demiurg die Welt
nachbildet, braucht kaum noch besonders erwähnt zu werden.

Demnach ist die Natur die unmittelbare, die Gottheit die mittel-
bare Ursache der Dinge. Die Ideen sind das formale Prinzip.
Wären sie dagegen nach Platon die einzigen Ursachen, wie ihn
Zeller verstehen will, so wäre hier der geeignetste Platz, hinter
dem mythischen Vorhang nicht die Gottheit, sondern die Ideenwelt
als wirkendes, weltbildendes Prinzip einzuführen. Zeller gibt es
hier zwar zu, daſs die Ideen unbewegt sind, glaubt aber immerhin
mit Unrecht, daſs der Demiurg im Timaios als deus ex machina
eingeführt werde, um die Ideen zur Erscheinung fortzutreiben. Er
sagt nämlich: „Den Ideen fehlt es doch unleugbar an dem bewegenden
Prinzip, das sie zur Erscheinung forttreibt. Diese Lücke scheint
nun der Begriff der Gottheit auszufüllen, wie ja auch der Timaios
seines Weltbildners nur deshalb bedarf, weil er ohne ihn keine
Ursache hätte.") Die Eigentümlichkeit dieser Erklärung springt
in die Augen. Wenn es den Ideen unleugbar an dem bewegenden
Prinzip fehlt, warum leugnet es Zeller und sucht zu beweisen, daſs
selbst im Philebos sie das weltbildende Prinzip seien? Und wenn
die Ideen das wirkende Prinzip wären, wie hätte dann Platon im
Timaios keine Ursache ohne den Demiurg? Dies könnte wahrscheinlich sein, erstlich, wenn Platon hier einzig und allein von
einem vernünftigen, weltbildenden Prinzip spräche, was keineswegs
der Fall ist, wenn er fast in allen seinen Dialogen von einer Vernunft redet, die das All regiere, zweitens, wenn die Ideen in anderen

Tim. 42D): ἔσπειρε τοὺς μὲν εἰς γῆν, τοὺς δ᾽ εἰς σελήνην, τοὺς δ᾽ εἰς τἆλλα
ὅσα ὄργανα χρόνον hervor. Schon Anaxagoras und Philolaos hatten angenommen, der Mond sei von lebenden Wesen bewohnt (vgl. Zeller, I⁴, 902, 895).
¹) II, 1⁴. 712.

Dialogen das wirkende Prinzip wären, was ebenso unhaltbar ist, da der Philosoph überall, wo ihm Gelegenheit geboten wird, auf das bestimmteste hervorhebt, daß die Ideen etwas Unveränderliches und Unbewegtes sind.[1]

Aus unserer bisherigen Ausführung haben wir demnach die Überzeugung gewonnen, daß die Ideen weder im Sophistes noch im Phaidon, weder im Philebos noch im Timaios das wirkende, sondern überall das formale und Zweckprinzip sind.[2] Dagegen ist uns in allen diesen Dialogen, was die Naturdinge betrifft, die Natur (Weltseele-Gestirne) als unmittelbar, eine überweltliche Vernunft aber als mittelbar wirkendes Prinzip entgegengetreten.

Indessen erhebt sich jetzt eine andere Frage, ob nämlich diese überweltliche Vernunft, die Platon sich genötigt sieht, anzunehmen, um die Zweckmäßigkeit in der Welt zu erklären, diese Gottheit Platons, mit der höchsten der Ideen, der des Guten, zusammenfließen könne, wie es vielfach behauptet worden ist. Um der Lösung dieser Frage näher zu kommen, wollen wir im Folgenden die Lehre Platons über die Idee des Guten und die Gottheit in der Kürze betrachten und systematisch darstellen.

II. Die Idee des Guten und die Gottheit.

1. Die Idee des Guten.

Diese Idee ist nach Platons wiederholter Bezeichnung nichts weiter, als eine der übrigen Ideen, wie es sich aus einer Betrachtung der platonischen Schriften herausstellen läßt. Im Phaidon heißt es: „εἶμι πάλιν ἐπ' ἐκεῖνα τὰ πολυθρύλητα καὶ ἄρχομαι ἀπ' ἐκείνων, ὑποθέμενος εἶναί τι καλὸν αὐτὸ καθ' αὐτὸ καὶ ἀγαθὸν καὶ μέγα καὶ τἆλλα πάντα";[3] ebenso wird im Parmenides die Idee des Guten den anderen Ideen zugezählt: „δίκαιόν τι εἶδος αὐτὸ καθ'

---

[1] Vgl. oben S. 16.

[2] Deshalb wird auch gesagt, daß die Ideen das Vollkommenste sind, dem die Erscheinungsdinge ähnlich zu werden streben. Phileb. 53 D. Phaid. 74 E ff. 75 B: „πάντα τὰ ἐν ταῖς αἰσθήσεσιν ἐκείνου τε ὀρέγεται τοῦ ὅ ἐστιν ἴσον, καὶ αὐτοῦ ἐνδεέστερά ἐστιν".

[3] 100 B.

αἰτὸ καὶ καλοῦ καὶ ἀγαθοῦ καὶ πάντων αὖ τῶν τοιούτων"; [1]) ferner im Philebos,[2]) in der Republik[3]) und in anderen Dialogen. Als eine solche aber ist die Idee des Guten ein allgemeiner Begriff, der in einem außerweltlichen Orte gedacht wird, mithin etwas Unveränderliches und Unbewegtes, was keine Bewegung noch Leben, keine Seele noch Vernunft besitzen kann, sowie auch die übrigen Ideen. Hieraus ließe sich ohne Weiteres erschließen, daß die, Idee des Guten unter keinen Umständen mit der Gottheit, welche Platon unzähligemale für ein vernünftiges, wirkendes Prinzip erklärt, zusammenfallen dürfte. Da jedoch die Anhänger dieser Ansicht sich auf einige Stellen platonischer Dialoge berufen, wo sie die Identität zu finden vermeinen, namentlich der Republik, des Philebos und Timaios, so ist notwendig, daß wir dieselben flüchtig betrachten.

A. Republik.

In der Republik wird die Idee des Guten als das höchste Erkenntnisobjekt (μέγιστον μάθημα) hingestellt, durch dessen Anwendung das Gerechte und alle übrigen Tugenden nützlich und ersprießlich werden.[4]) Sie ist im Reiche der Intelligibeln, wie es da weiterhin heißt, was die Sonne im Reiche des Sinnlichen. Wie die Sonne dem Gesehenen nicht bloß die Kraft gesehen zu werden, sondern auch Entstehung, Wachstum und Nahrung verleiht, so verleiht die Idee des Guten den übrigen Ideen nicht bloß das Erkanntwerden, sondern auch das Sein, während sie selbst ihrem Wesen nach an Würde und Kraft über dem Erkannten steht.[5]) Sie ist die Ursache alles Rechten und Schönen.[6])

---

[1]) 130 B.

[2]) 15 A: „ὅταν δέ τις ἕνα ἄνθρωπον ἐπιχειρῇ τίθεσθαι καὶ βοῦν ἕνα καὶ τὸ καλὸν ἕν καὶ τὸ ἀγαθὸν ἕν κτλ."

[3]) V, 479 A. VI, 507 B. VII, 538 E.

[4]) VII, 517 B: „ἐν τῷ γνωστῷ τελευταία ἡ τοῦ ἀγαθοῦ ἰδέα καὶ μόγις ὁρᾶσθαι". Vgl. VI, 505 A: „ὅτι γε ἡ τοῦ ἀγαθοῦ ἰδέα μέγιστον μάθημα πολλάκις ἀκήκοας, ᾗ δίκαια καὶ τἆλλα προσχρησάμενα χρήσιμα καὶ ὠφέλιμα γίγνεται".

[5]) VI, 508 E. 509 B: „τὸν ἥλιον τοῖς ὁρωμένοις οὐ μόνον, οἶμαι, τὴν τοῦ ὁρᾶσθαι δύναμιν παρέχειν φήσεις, ἀλλὰ καὶ τὴν γένεσιν καὶ αὔξην καὶ τροφήν, οὐ γένεσιν αὐτὸν ὄντα. Πῶς γάρ; Καὶ τοῖς γιγνωσκομένοις τοίνυν μὴ μόνον τὸ γιγνώσκεσθαι φάναι ὑπὸ τοῦ ἀγαθοῦ παρεῖναι, ἀλλὰ καὶ τὸ εἶναί τε καὶ τὴν οὐσίαν ὑπ' ἐκείνου αὐτοῖς προσεῖναι, οὐκ οὐσίας ὄντος τοῦ ἀγαθοῦ, ἀλλ' ἔτι ἐπέκεινα τῆς οὐσίας πρεσβείᾳ καὶ δυνάμει ὑπερέχοντος."

[6]) VII, 517 B: „τὰ δ' οὖν ἐμοὶ φαινόμενα οὕτω φαίνεται, ἐν τῷ γνωστῷ

Hieraus hat man die Folgerung gezogen, daſs die Idee des Guten gleich der Gottheit sei; daſs ferner alle anderen Ideen der des Guten untergeordnet durch jene entstehen. Ist aber wirklich die Sache so aufzufassen? Um hierüber klar zu werden, müssen wir den Begriff des Guten und der übrigen Ideen in der Republik genauer untersuchen. Bei einer solchen Erörterung aber ersehen wir, daſs die Idee des Guten auch hier eine der übrigen Ideen ist: *Διομολογησάμενός γ', ἔφην ἐγώ, καὶ ἀναμνήσας ὑμᾶς τὰ ἐν τοῖς ἔμπροσθεν ῥηθέντα καὶ ἄλλοτε ἤδη πολλάκις εἰρημένα. Τὰ ποῖα, ἦ δ' ὅς. Πολλὰ καλά, ἦν δ' ἐγώ, καὶ πολλὰ ἀγαθὰ καὶ ἕκαστα οὕτως εἶναί φαμέν τε καὶ διορίζομεν τῷ λόγῳ. Φαμὲν γάρ. Καὶ αὐτὸ δὴ καλὸν καὶ αὐτὸ ἀγαθὸν καὶ οὕτω περὶ πάντων, ἃ τότε ὡς πολλὰ ἐτίθεμεν, πάλιν αὖ κατ' ἰδέαν μίαν ἑκάστου ὡς μιᾶς οὔσης τιθέντες ὃ ἔστιν ἕκαστον προσαγορεύομεν κτλ.*[1]) Und werfen wir ferner die Frage auf, was die Ideen in der Republik sind, so erhalten wir die Antwort: genau das, was sie in den anderen Dialogen sind, nämlich etwas mit dem Denken zu Erfassendes, was Platon der wandelbaren Sinnenwelt als das stets in einer Gestalt Bleibende gegenüber stellt. Wir haben im ersten Teile unserer Abhandlung nachdrücklich hervorgehoben, daſs die Skepsis der Sophisten, wodurch damals der Halt der sittlichen Normbegriffe verloren ging, unserem Philosophen den Anlaſs bot die Ideen als das *βέβαιον*[2]) dem Flieſsenden gegenüber zu konstatieren. Aus der Republik ergibt sich dies klar und bestimmt. Am Eingange des Dialogs läſst Platon den Sophisten Thrasymachos das Recht vom Interesse des Einzelnen abhängig machen,[3]) und den Sokrates demgegenüber behaupten, daſs das Schöne und Häſsliche, das Gute und Schlechte, das Gerechte und Ungerechte und dergl. nichts Hin- und Herschwankendes, wie das gewöhnliche Bewuſstsein glaubt, sondern solches von Natur aus (*φύσει*) sei. Der Ideenwelt gehört wie alle Tugend, so alle Schlechtigkeit und Untugend.[4]) Diese

τελευταία ἡ τοῦ ἀγαθοῦ ἰδέα καὶ μόγις ὁρᾶσθαι, ὀφθεῖσα δὲ συλλογιστέα εἶναι ὡς ἄρα πᾶσι πάντων αὕτη ὀρθῶν τε καὶ καλῶν αἰτία ἔν τε ὁρατῷ φῶς καὶ τὸν τούτου κύριον τεκοῦσα, ἔν τε νοητῷ αὐτὴ κυρία ἀλήθειαν καὶ νοῦν παρασχομένη, καὶ ὅτι δεῖ ταύτην ἰδεῖν τὸν μέλλοντα ἐμφρόνως πράξειν ἢ ἰδίᾳ ἢ δημοσίᾳ".

[1]) VII, 507 B, vgl. V, 476 A.
[2]) Kratyl. 386 E. 439 C ff.
[3]) I, 338 C ff.
[4]) III, 402 C: „*τὰ τῆς σωφροσύνης εἴδη καὶ ἀνδρίας καὶ ἐλευθεριότητος*

Ideen werden wiederholt als $\tau\grave{\alpha}$ $\grave{\alpha}\varepsilon\grave{\iota}$ $\varkappa\alpha\tau\grave{\alpha}$ $\tau\alpha\grave{\upsilon}\tau\grave{\alpha}$ $\grave{\omega}\sigma\alpha\acute{\upsilon}\tau\omega\varsigma$ $\check{o}\nu\tau\alpha$
bezeichnet[1]) und sind allem Anschein nach in letzter Instanz leere
Normen des sittlichen Handelns,[2]) und Typen, wonach die künstlichen Dinge gebildet werden.[3]) Wie ist aber möglich, daſs die
Idee des Guten als einer dieser Normbegriffe den platonischen Gott
ersetzen könnte, der nach den ausdrücklichsten Bezeichnungen des
Philosophen eine Vernunft ist, die das All auf das beste eingerichtet hat und erhält? Zeller, um die Klippe zu umgehen, sagt,
daſs, nachdem Platon die Idee des Guten als das höchste Prinzip
erklärte, er sie mit Kraft, Thätigkeit und Vernunft ausstattete,
wie auch die anderen Ideen in ihrem Gebiete.[4]) Doch das heiſst
nicht den Knoten lösen, sondern ihn zerhauen! Die ersten Folgerungen dieses Schlusses wären einerseits, daſs Platon seiner Ideenlehre widersprechen müſste, wonach die Ideen unveränderlich und
unbewegt sind, andererseits aber, daſs man ihm einen Polytheismus
sui generis zuschreiben würde. Denn was anderes bedeutet das,
was Zeller behauptet, als daſs der Philosoph, jeder Idee Thätigkeit
und Vernunft zuweisend, sich alle als Gottheiten denke, deren jede
in ihrem Gebiete alles Gleichnamige erschaffe? Müſste denn daraus
nicht mit logischer Notwendigkeit folgen, daſs, da es auch, wie
bereits erwähnt, Ideen des Schlechten und die ihm untergeordneten
Ideen aller Untugend gibt, es auch von diesen und noch dazu von
allem Wertlosen, wie des Haares, des Schmutzes[5]) und dergl. Ideen
mit Leben und schöpferischer Thätigkeit gebe, welche alle ihr Sein
der Idee des Guten verdanken müſsten? Geschweige denn, daſs
Zeller wiederum gelegentlich den Ideen das Leben abspricht und
sie für unbewegt erklärt, um die Einführung des Demiurgs im

$\varkappa\alpha\grave{\iota}$ $\mu\varepsilon\gamma\alpha\lambda o\pi\rho\varepsilon\pi\varepsilon\acute{\iota}\alpha\varsigma$ $\varkappa\alpha\grave{\iota}$ $\ddot{o}\sigma\alpha$ $\tauo\acute{\upsilon}\tau\omega\nu$ $\grave{\alpha}\delta\varepsilon\lambda\varphi\grave{\alpha}$ $\varkappa\alpha\grave{\iota}$ $\tau\grave{\alpha}$ $\tauo\acute{\upsilon}\tau\omega\nu$ $\alpha\tilde{\upsilon}$ $\grave{\varepsilon}\nu\alpha\nu\tau\acute{\iota}\alpha$".
IV, 445C: „$\grave{\varepsilon}\nu$ $\mu\grave{\varepsilon}\nu$ $\varepsilon\tilde{\iota}\nu\alpha\iota$ $\varepsilon\tilde{\iota}\delta o\varsigma$ $\grave{\alpha}\rho\varepsilon\tau\tilde{\eta}\varsigma$, $\ddot{\alpha}\pi\varepsilon\iota\rho\alpha$ $\delta\grave{\varepsilon}$ $\tau\tilde{\eta}\varsigma$ $\varkappa\alpha\varkappa\acute{\iota}\alpha\varsigma$". V, 476A:
„$\varkappa\alpha\grave{\iota}$ $\pi\varepsilon\rho\grave{\iota}$ $\delta\iota\varkappa\alpha\acute{\iota}o\upsilon$ $\varkappa\alpha\grave{\iota}$ $\grave{\alpha}\delta\acute{\iota}\varkappa o\upsilon$ $\varkappa\alpha\grave{\iota}$ $\grave{\alpha}\gamma\alpha\vartheta o\tilde{\upsilon}$ $\varkappa\alpha\grave{\iota}$ $\varkappa\alpha\varkappa o\tilde{\upsilon}$ $\varkappa\alpha\grave{\iota}$ $\pi\acute{\alpha}\nu\tau\omega\nu$ $\tau\tilde{\omega}\nu$
$\varepsilon\grave{\iota}\delta\tilde{\omega}\nu$ $\pi\acute{\varepsilon}\rho\iota$ $\grave{o}$ $\alpha\grave{\upsilon}\tau\grave{o}\varsigma$ $\lambda\acute{o}\gamma o\varsigma$ $\varkappa\tau\lambda$." VI, 493C, vgl. Theät. 176E, 186A: $\ddot{o}\mu o\iota o\nu$,
$\grave{\alpha}\nu\acute{o}\mu o\iota o\nu$, $\tau\alpha\grave{\upsilon}\tau\acute{o}\nu$, $\ddot{\varepsilon}\tau\varepsilon\rho o\nu$, $\varkappa\alpha\lambda\acute{o}\nu$, $\alpha\grave{\iota}\sigma\chi\rho\acute{o}\nu$, $\grave{\alpha}\gamma\alpha\vartheta\acute{o}\nu$, $\varkappa\alpha\varkappa\acute{o}\nu$.

[1]) V, 479E, vgl. 479A: $\grave{\iota}\delta\acute{\varepsilon}\alpha\nu$ $\grave{\alpha}\varepsilon\grave{\iota}$ $\varkappa\alpha\tau\grave{\alpha}$ $\tau\alpha\grave{\upsilon}\tau\grave{\alpha}$ $\grave{\omega}\sigma\alpha\acute{\upsilon}\tau\omega\varsigma$ $\ddot{\varepsilon}\chi o\upsilon\sigma\alpha\nu$. VI, 484B,
500C.

[2]) Hauptstelle VII, 540A, vgl. IX, 592B. III, 402D: „$\ddot{\varepsilon}\nu$ $\tau\varepsilon$ $\tau\tilde{\eta}$ $\psi\upsilon\chi\tilde{\eta}$
$\varkappa\alpha\lambda\grave{\alpha}$ $\check{\eta}\vartheta\eta$ $\varkappa\alpha\grave{\iota}$ $\grave{\varepsilon}\nu$ $\tau\tilde{\omega}$ $\varepsilon\check{\iota}\delta\varepsilon\iota$ $\grave{o}\mu o\lambda o\gamma o\tilde{\upsilon}\nu\tau\alpha$ $\grave{\varepsilon}\varkappa\varepsilon\acute{\iota}\nuo\iota\varsigma$ $\varkappa\alpha\grave{\iota}$ $\xi\upsilon\mu\varphi\omega\nuo\tilde{\upsilon}\nu\tau\alpha$, $\tauo\tilde{\upsilon}$
$\alpha\grave{\upsilon}\tauo\tilde{\upsilon}$ $\mu\varepsilon\tau\acute{\varepsilon}\chi o\nu\tau\alpha$ $\tau\acute{\upsilon}\pi o\nu$ $\varkappa\tau\lambda$."

[3]) X, 596B, vgl. Kratyl. 389A.

[4]) II, 1¹. 714.

[5]) Parm. 130C.

Timaios als wirkenden Prinzips zu rechtfertigen.[1] Aber der stärkste
Beweis gegen die Gleichstellung der Idee des Guten mit der Gottheit zeigt sich hierin: Wenn wir uns nämlich in der Republik nach
dem wirkenden Prinzip umsehen, so können wir folgendes fest-
stellen. Die ethischen Ideen, ebensowohl des Guten als des Übels,
sind die παραδείγματα; nirgends wird gesagt, dafs sie wirkende
Ursachen seien. Es sind die Menschen, welche sie im Leben nach
jenen Mustern verwirklichen.[2] Ebenso sind die Ideen von Kunsterzeugnissen die gleichbleibenden Typen, denen die Menschen die
Artefakte, die bei uns im Gebrauch sind, immer nachbilden.[3]
Was aber die Naturdinge anbetrifft, so drückt sich Platon dahin
aus, dafs sie vom Schöpfer erschaffen sind, wie in den schon be-
trachteten Dialogen.[4] Überdies sondert er sehr bestimmt die Gottheit von den Ideen im zweiten Buche der Republik, wo er seine τύποι
περὶ θεολογίας (die Grundzüge der ersten Theodicee) darstellte.[5]

Aus diesen Gründen, glauben wir, dafs das in der Republik
Ausgeführte anders zu erklären ist. Wir haben bereits darauf
hingewiesen, dafs es sich in diesem Gespräche um die Verwirk-
lichung der Idee des Guten im Staate handelt. Hierbei steht daher
Platon auf dem Boden der Ethik und infolge davon treten die
ethischen Ideen in den Vordergrund. Die Idee des Guten aber ist
hier das höchste erstrebenswerte Ziel im Leben, der letzte Zweck
alles ethischen Strebens und Handelns. Alles geschieht hier um
des Guten willen. Darauf deutet unbestreitbar die Bezeichnung des
Guten als des höchsten Erkenntnisobjektes hin. Und wenn sie
ferner als die Idee angesehen wird, ᾗ δίκαια καὶ τἆλλα προσχρησάμενα χρήσιμα καὶ ὠφέλιμα γίγνεται,[6] so will das sagen,
dafs alle ethische Idee nur unter der Beleuchtung der Idee des
Guten richtig sein kann; um uns besser auszudrücken, die Idee
des Guten ist der Mafsstab, mit dem man alle ethische Handlung

---

[1] A. a. O. 712.
[2] III, 401E f. 402D. 404E. 410A: „μουσικῇ χρώμενοι, ἣν δὴ ἔφαμεν
σωφροσύνην ἐντίκτειν". V, 466E ff. VII, 540A. IX, 592B.
[3] X, 596B.
[4] VI, 507C: „ἆρ' οὖν ἐννενόηκας, ἦν δ' ἐγώ, τὸν τῶν αἰσθήσεων
δημιουργὸν ὅσῳ πολυτελεστάτην τὴν τοῦ ὁρᾶν τε καὶ ὁρᾶσθαι δύναμιν
ἐδημιούργησεν;" (genau so Sokrates von der Gottheit, Xen. Mem. I, 4. 5 ff.),
vgl. VII, 530A.
[5] II, 379A ff.
[6] VI, 505 A.

messen mufs, um nicht etwas dem Anschein nach Gerechtes und
Schönes u. dergl. für das Gerechte an sich zu halten.[1]) Dies aber
können allein die Philosophen erreichen, welche die Idee des Ge-
rechten, die des Schönen, die des Besonnenen und alles derartigen
erkennen und nach jenen ewigen Urbildern die Sitten der Menschen
gottgefällig machen und den Staat aufs beste ordnen,[2]) während
die anderen Menschen das fliefsende Viele schauen und sich von
Meinungen führen lassen.[3]) Daher die naturnotwendige Folgerung, dafs
die Philosophen zu Herrschern werden oder die Herrscher Philosophie treiben müssen, wenn die Menschheit Heil erwarten soll.[4])
Die Idee des Guten wird weiterhin ausdrücklich als das Musterbild
bezeichnet, dessen die Herrscher sich bedienen müssen, um danach
den Staat, die Bürger und sich selbst zu ordnen: „Γενομένων δὲ
πεντηκοντουτῶν, heifst es da, τοὶς διασωϑέντας καὶ ἀριστεύσαντας
πάντα πάντη ἐν ἔργοις τε καὶ ἐπιστήμαις πρὸς τέλος ἤδη ἀκτέον
καὶ ἀναγκαστέον ἀνακλίναντας τὴν τῆς ψυχῆς αὐγὴν εἰς αὐτὸ
ἀποβλέψαι τὸ πᾶσι φῶς παρέχον καὶ ἰδόντας τὸ ἀγαϑὸν αὐτό,
παραδείγματι χρωμένους ἐκείνῳ καὶ πόλιν καὶ ἰδιώτας καὶ
ἑαυτοὶς κοσμεῖν.“[5])

Dementsprechend liegt hier der Gedanke zu Grunde, dafs die
Idee des Guten die höchste Norm des sittlichen Handelns ist.
Ebendahin ist zu erklären, wenn es heifst, wie das Licht der Sonne
unserem Auge das Vermögen verleiht, die sinnlichen Gegenstände,
welche es beleuchtet, zu sehen, so verleiht auch die Idee des Guten
unserer Seele das Vermögen, die Ideen zu erkennen, mittels der
Wahrheit, die sie ihnen gewährt.[6]) Der Sinn dieser Worte ist
offenbar, dafs, wenn man die Idee des Guten kennt, man auch

[1]) Vgl. Rep. VI, 505 D. 506 A.
[2]) VI, 500 E f.
[3]) V, 479 E.
[4]) V, 473 C: „Ἐὰν μή, ἦν δ' ἐγώ, ἢ οἱ φιλόσοφοι βασιλεύσωσιν ἐν ταῖς
πόλεσιν ἢ οἱ βασιλεῖς τε νῦν λεγόμενοι καὶ δυνάσται φιλοσοφήσωσι γεν-
ναίως τε καὶ ἱκανῶς καὶ τοῦτο εἰς ταὐτὸν ξυμπέσῃ, δύναμίς τε πολιτικὴ
καὶ φιλοσοφία — οὐκ ἔσται κακῶν παῦλα κτλ."
[5]) VII, 540 A f. Vgl. Euthyphron 6 D. Oben S. 18,5.
[6]) VI, 508 E: „Τοῦτο τοίνυν τὸ τὴν ἀλήθειαν παρέχον τοῖς γιγνωσκομένοις καὶ τῷ γιγνώσκοντι τὴν δύναμιν ἀποδιδὸν τὴν τοῦ ἀγαθοῦ ἰδέαν
φάθι εἶναι, αἰτίαν δ' ἐπιστήμης οὖσαν καὶ ἀληθείας ὡς γιγνωσκομένης μὲν
διανοοῦ, οὕτω δὲ καλῶν ἀμφοτέρων ὄντων, γνώσεώς τε καὶ ἀληθείας, ἄλλο
καὶ κάλλιον ἔτι τούτων ἡγούμενος αὐτὸ ὀρθῶς ἡγήσει κτλ."

leicht die anderen Ideen erkennt, welche ihren Wert von der Idee des Guten insofern haben, als sie unter diese Idee fallen, indem sie verschiedene Erscheinungen derselben sind.

Auf dasselbe läuft auch die weitere Erklärung Platons hinaus, der zufolge den γιγνωσκόμενα durch das Gute nicht bloß das Erkanntwerden, sondern auch das Sein und Wesen zu teil wird, während das Gute selbst seiner Würde und Kraft nach noch über das Sein hinausragt [1] Die Idee des Guten verleiht den Ideen das Sein, insofern als jede von ihnen gut ist,[2] sie selbst aber steht über dem Sein, weil sie in letzter Beziehung eine allgemeine Bezeichnung der unter sie fallenden Ideen ist. Hierfür spricht die bekannte Stelle des Philebos: οὐκοῦν εἰ μὴ μιᾷ δυνάμεϑα ἰδέᾳ τὸ ἀγαϑὸν ϑηρεῦσαι, σὺν τρισὶ λαβόντες, κάλλει, καὶ ξυμμετρίᾳ καὶ ἀληϑείᾳ κτλ.[3] Gut ist demnach alles, was Schönheit, Ebenmaß und Wahrheit besitzt. Nur auf die gegebene Weise dürfte, unseres Erachtens, der Idee des Guten eine Ursächlichkeit den übrigen gegenüber zuerkannt werden.[4] Eine verschiedene Causalität wäre unmöglich, wie alle Kenner der platonischen Philosophie zugestehen müssen, da eine solche, abgesehen von den bereits erwähnten Schwierigkeiten,[5] auch dem Ungewordensein der Ideen

---

[1] VI, 509 B.

[2] Auffallend scheint es, wenn die Idee des Guten als diejenige hingestellt wird, welche den γιγνωσκόμενα ohne Unterschied das Sein verleihe. Platon versteht darunter wahrscheinlich die Ideen des Gutartigen, denn das Gute ist nur ὀρϑῶν τε καὶ καλῶν αἰτία. Vgl. 500 C.

[3] 64 E f.

[4] Stumpf erklärt auf eine sonderbare Weise die Stelle der Republik VI, 509 B, indem er sagt: „Die Idee des Guten steht nämlich nicht bloß über allen Ideen, sondern sie kann auch nicht ein Geist wie die übrigen sein (!), da sie diesen erst Erkenntniskraft verleiht. Sie ist daher durch Prädikate aus dem Gebiete des Geistigen nicht in ihrem nächsten und gewöhnlichen, sondern nur im modifizierten Sinne zu bestimmen, und hierzu dienen am einfachsten die Analogien; z. B. ihr kommt Erkenntnis zu, aber nicht so wie den übrigen Seelen (Stumpf hält die Ideen für Seelen! vgl. ebenda S. 19), sondern in vollkommenerer Weise, indem sie die Bedingungen derselben ursprünglich in sich trägt, kurz analog wie die Sonne das Licht." A. a. O. S. 75.

[5] S. 56. Deshalb ist unzulässig, wenn Jodl (Gesch. d. Ethik in d. n. Phil. I, 20) sagt: „in ihr (der Idee des Guten) fassen sich alle übrigen Ideen zur Einheit zusammen (also auch die εἴδη κακίας!), sie ist ihre Grundlage und Trägerin; ja man wird sie trotz manchen entgegenstehenden Schwierigkeiten und Dunkelheiten der plat. Doktrin wohl als die Gottheit bezeichnen dürfen".

aufs entschiedenste widersprechen müfste.[1]) Der gegebenen Erklärung widerstrebt nicht das weiterhin Gesagte, wonach die Idee
des Guten als die Ursache alles Rechten und Schönen anerkannt
werden müsse, die im Reiche des Sichtbaren das Licht und den
über dasselbe Waltenden erzeuge.[2]) Sie wird insofern Ursache des
Lichtes genannt, als Güte den Schöpfer dazu trieb, alles in der
Welt zu erschaffen, wie Platon klar und bestimmt im Timaios
angibt.[3])

Sehen wir nunmehr, wie es bei dem Timaios bestellt ist, ob er
etwas zur Begründung der Meinung bietet, dafs die Idee des Guten
mit der Gottheit zusammenfalle.

B. Timaios.

Die Anhänger dieser Anschauung vermeinen diese Identität
aus folgendem nachzuweisen. An einer Stelle dieses Dialogs, sagen
sie, wird Gott als Weltbildner hingestellt: „τὸν μὲν οὖν ποιητὴν
καὶ πατέρα τοῦδε τοῦ παντὸς εὑρεῖν τε ἔργον καὶ εὑρόντα εἰς
πάντας ἀδύνατον ἐξειπεῖν,[4]) an einer anderen wird gesagt, Gott
sei gut und habe alles sich selbst ähnlich gemacht,[5]) und wieder,
der Weltbildner habe auf die Ideen hinschauend die Welt erschaffen,
die deshalb Abbild desselben genannt wird.[6])

Indessen, wenn irgendwoher, so kann man aus dem Timaios
eine solche Behauptung nicht geltend machen. Leuchtet es doch
auf den ersten Blick ein, dafs die erschaffenen Dinge ähnlich mit
Gott werden, insofern sie gut werden,[7]) ähnlich aber den Ideen,
wiefern sie von Gott bezw. durch die gewordenen Götter (Weltseele-Gestirne) ihnen nachgebildet werden, ihre Gestalt aufnehmen.

---

[1]) Die Idee ist etwas ἀγέννητον καὶ ἀνώλεθρον, Tim. 52 A, vgl. 27 D,
29 A: ἀΐδιον u. in verschied. Dial.

[2]) VII, 517 B.

[3]) Tim. 29 D.

[4]) Tim. 28 C.

[5]) Tim. 29 D. Zeller meint (II, 1. 710, 5), dafs 92 B „εἰκὼν τοῦ νοητοῦ
θεὸς αἰσθητὸς (ὁ κόσμος)“ unter dem νοητοῦ der Weltschöpfer zu verstehen
sei. Doch liegt am Tage, dafs νοητὸς (θεὸς) hier die Ideenwelt ist. Ferner
ist mit θεὸς (34 A) nicht die höchste Idee (wie Zeller a. a. O.), sondern der
Demiurg gemeint.

[6]) 28 A C.

[7]) 29 E.

Die Ideen sind im Timaios die *ἀκίνητα παραδείγματα*,[1]) wie auch Zeller zugesteht,[2]) und eine solche muß auch die des Guten sein, wenn sie nirgends von den anderen unterschieden wird. Wie könnte sie demnach als ohnmächtiges Vorbild, das dem Demiurg bei der Weltschöpfung gegenübergestellt wird, mit der Gottheit zusammenfallen? Wäre Platon der Meinung, welche ihm zugeschrieben wird, so hätte er das gewiß mit einem Worte angedeutet.

C. Philebos.

Ziehen wir zuletzt auch den Philebos in Betracht. Es ist bereits oben[3]) darauf hingewiesen, daß in diesem Gespräche die Frage erörtert wird, ob die Lust oder die Einsicht das Lebensgut sei.[4]) Sokrates weist nach, daß weder die erstere noch die letztere das Gute sein könne, da die eine ohne die andere nicht genüge. Hierauf fügt er hinzu: „*Σω. Ὡς μὲν τοίνυν τὴν γε Φιλήβου θεὸν (ἡδονὴν) οὐ δεῖ διανοεῖσθαι ταὐτὸν καὶ τἀγαθόν, ἱκανῶς εἰρῆσθαί μοι δοκεῖ. Φι. Οὐδὲ γὰρ ὁ σὸς νοῦς, ὦ Σώκρατες, ἔστι τἀγαθόν, ἀλλ' ἕξει που ταὐτὰ ἐγκλήματα. Σω. Τάχ' ἄν, ὦ Φίληβε, ὁ γ' ἐμός. οὐ μέντοι τόν γε ἀληθινὸν ἅμα καὶ θεῖον οἶμαι νοῦν, ἀλλ' ἄλλως πως ἔχειν.*“[5]) Zeller meint, die göttliche Vernunft sei hiernach nichts anderes als das Gute.[6])

Indessen ist diese Stelle vielmehr dahin zu erklären: Gut ist, was vollkommen ist und allein zur Glückseligkeit genügt.[7]) Während aber dem Menschen die Einsicht ohne die Lust nicht genügt,[8]) bedarf die Gottheit, als das vollkommenste und selbstgenügende Wesen nichts weiter dazu; mit anderen Worten: die Gottheit bedarf nicht der Lust, wie der Mensch, zur Glückseligkeit. Von schlagender Beweiskraft für unsere Auffassung ist eine andere

---

[1]) 28A. 29A, vgl. 38A.

[2]) II, 1. 712.

[3]) S. 41 f.

[4]) 11B.D. 19C.

[5]) 22C.

[6]) II¹, 1. 710.

[7]) 20C: „*Τὴν τἀγαθοῦ μοῖραν πότερον ἀνάγκη τέλεον ἢ μὴ τέλεον εἶναι; Πάντως δήπου τελεώτατον, ὦ Σώκρατες. Τί δέ; ἱκανὸν τἀγαθόν; Πῶς γὰρ οὔ; καὶ πάντων γε εἰς τοῦτο διαφέρειν τῶν ὄντων*“. Vgl. 63 B.

[8]) 20E. 22A: *Μῶν οὖν οὐκ ἤδη τούτων γε πέρι δῆλον ὡς οὐδέτερος αὐτῶν εἶχε τἀγαθόν; ἦν γὰρ ἂν ἱκανὸς καὶ τέλεος καὶ πᾶσι φυτοῖς καὶ ζώοις αἱρετὸς κτλ.* 60C ff. 67A.

Stelle desselben Dialogs, wo es heifst: Ἐῤῥήθη γάρ που τότε ἐν τῇ παραβολῇ τῶν βίων μηδὲν δεῖν, μήτε μέγα μήτε σμιϰρὸν χαίρειν τῷ τὸν τοῦ νοεῖν ϰαὶ φρονεῖν βίον ἑλομένῳ. Καὶ μάλα γε οὕτως ἐῤῥήθη. Οὐϰοῦν οὕτως ἂν ἐϰείνῳ γε ὑπάρχοι ϰαὶ ἴσως οὐδὲν ἄτοπον, εἰ πάντων τῶν βίων ἐστὶ θειότατος. Οὐϰουν εἰϰός γε οὔτε χαίρειν τοῖς θεοὶς οὔτε τὸ ἐναντίον.ʺ[1] Mit Recht bemerkt demnach Stallbaum: „Significatur autem his verbis, mentem et rationem divinam utique humana mente longe majus quiddam esse ac praestantius; eam enim, quum in se perfecta et absoluta sit, nec quidquam aliunde desiderare ad summae perfectionis et beatitatis possessionem.[2]ʺ

Steinhart und Susemihl haben auch unter der αἰτία des Philebos die Idee des Guten finden wollen, welche sie ebenso der Gottheit gleichsetzen; es ist jedoch bereits nachgewiesen,[3] dafs diese Auffassung nicht möglich ist.[4]

Überblicken wir am Schlusse das im Vorangegangenen Ausgeführte, so können wir zusammenfassend sagen, dafs die Idee des Guten nicht mit der Gottheit zusammenfallen kann, da sie, wie jede andere Idee, ein ohnmächtiges, abstraktes Prinzip ist, während die platonische Teleologie ein vernünftiges Wesen als höchstes Prinzip bedingt.[5]

Zeller räumt ein, dafs die Auffassung, wonach Gott im platonischen System neben den Ideen existiert, viele Gründe für sich anführen kann, denn es fehlte den Ideen an dem bewegenden Prinzip, das sie zur Erscheinung forttreibt, meint jedoch, dafs dadurch sich weitere Schwierigkeiten erheben, da Platon nur die Ideen für das

---

[1] 33 B.

[2] Phileb. p. 154.

[3] S. 43 f.

[4] Unserer Auffassung widerspricht nicht Theophrastus' Bericht: „δύο τὰς ἀρχὰς βούλεται ποιεῖν (Πλάτων), τὸ μὲν ὑποϰείμενον ὡς ὕλην, ὃ προσαγορεύει πανδεχές, τὸ δ' ὡς αἴτιον ϰαὶ ϰινοῦν, ὃ περιάπτει τῇ τοῦ θεοῦ ϰαὶ τῇ τἀγαθοῦ δυνάμει" (Simpl. Phys. 26. 23). Gott ist der Schöpfer, der aus Güte die Welt erschuf.

[5] Das räumt Zeller ein (II, 1. 698, 1: „Dafs der letzte Grund der Welt in der höchsten Vernunft liege, hat Plato nicht bezweifelt"), und sieht sich deshalb genötigt, die abstrakten Begriffe, welche Platon als ἀϰίνητα bezeichnet (Tim. 38 A), mit den Eigenschaften des höchsten Prinzips des Philosophen auszustatten, um sie wiederum gelegentlich derselben zu berauben (a. a. O. 712).

wirklich Seiende halte, und infolge davon kein anderes gleich ursprüngliches Wesen neben ihnen Raum finden könne.[1])

Diese Bedenken Zellers indes sind nicht so gewichtig, wie sie scheinen könnten. Er geht von der Voraussetzung aus, daß die Ideen das allein Wirkliche und die Materie das Nichtseiende sei. Was das erstere angeht, so ist Folgendes entgegenzuhalten: Die Ideen in ihrer Gesamtheit sind ebensowenig das wirklich Seiende, wie die Leben, welche Platon im Theätet als $\pi\alpha\rho\alpha\delta\epsilon\acute{\iota}\gamma\mu\alpha\tau\alpha$ ἐν τῷ ὄντι ἑστῶτα hinstellt,[2]) und das $\pi\alpha\rho\acute{\alpha}\delta\epsilon\iota\gamma\mu\alpha$ seines Staates, von dem er sagt, daß es vielleicht im Himmel ἀνάκειται τῷ βουλομένῳ ὁρᾶν καὶ ὁρῶντι ἑαυτὸν κατοικίζειν;[3]) sie sind Ideale, leblose Typen, leere Normen. Ihre Unvergänglichkeit wird nur den Einzeldingen gegenüber, welche stets entstehen und vergehen, hervorgehoben.

Ferner ist auch die Annahme, daß die Grundlage der Erscheinungswelt das Nichtseiende sei, was Zeller[4]) nach Boeckh[5]) u. A. behauptet, aus folgenden Gründen zurückzuweisen:

1) Die Materie ist nach Platon etwas des Vergehens Unfähiges (51 B: δυσαλωτότατον, 52 A: φθορὰν οὐ προσδεχόμενον); 2) das Nichtseiende ist gar nicht zu erkennen,[6]) während die χώρα des Timaios durch einen λογισμὸς νόθος erkannt wird;[7]) 3) die Beschreibung der sinnlichen Grundlage vor der Entstehung der Welt ist eine solche, daß wir unter ihr ein materielles Substrat verstehen müssen. Denn sie wird als dasjenige beschrieben, was bleibt, während die Einzeldinge eine Form annehmen und wieder verschwinden. Sie wird mit Gold verglichen, in dem jemand unaufhörlich alle möglichen Gestalten umformt. Wie in diesem Falle, sagt der platonische Timaios, wenn jemand fragte, was das wäre, die richtige Antwort wäre zu sagen: „Gold", das Dreieck aber und die anderen Gestaltungen, welche sich darin bildeten, nicht als solche anzugeben, da sie inzwischen wechseln; so gilt dasselbe auch von dem Wesen, das alle Körper in sich aufnimmt; dies ist als

---

[1]) II, 1. 712.

[2]) 176 E.

[3]) Rep. IX, 592 B.

[4]) II, 1. 727 ff.

[5]) Studien von Daub und Creuzer III, 26 ff. Vgl. Ritter, Gesch. d. Phil. II, 345 f. u. a.

[6]) Rep. V, 477 A: „τὸ μὲν παντελῶς ὂν παντελῶς γνωστόν, μὴ ὂν δὲ μηδαμῇ πάντη ἄγνωστον; ἱκανώτατα".

[7]) Tim. 52 B.

das stets Gleiche zu bezeichnen, denn es tritt aus seiner eigenen Natur nicht heraus.[1]) Ferner wird es mit den Flüssigkeiten verglichen, welche zur Aufnahme von Gerüchen bestimmt, und mit den Stoffen, in denen weiche Gestalten zu formen sind.[2]) 4) Hiefür spricht allerdings, wenn das γένος τῆς χώρας als das κινούμενον καὶ διασχηματιζόμενον ὑπὸ τῶν εἰσιόντων gekennzeichnet wird.[3]) 5) Dieses Substrat wird ferner als etwas Sichtbares hingestellt, welches Gott ruhelos und in ordnungsloser Bewegung vorfand und aus der Unordnung zur Ordnung brachte.[4]) Man hat dies als einen mythischen Zug der Kosmogonie des Timaios betrachten wollen,[5]) indessen spricht gegen eine solche Auffassung der Dialog Politikos, der die Grundlage der Erscheinungswelt in denselben Zügen beschreibt: „ὅτι πολλῆς ἦν μετέχον (τὸ σωματοειδὲς) ἀταξίας, πρὶν εἰς τὸν νῦν κόσμον ἀφικέσθαι".[6]) 6) Hinzuzufügen ist, dafs eine vor der Weltbildung existierende und in die Elemente durch den νοῦς umgeformte Materie die Voraussetzungen des platonischen Systems erforderlich machen. Ohne dieselbe würden wir keineswegs den Ursprung des Bösen in der Welt erklären können. Denn wenn Gott nach Platon nichts weiter schaffen darf, als das Beste,[7]) so liegt auf der Hand, dafs nur das Besterschaffene in der Welt von Gott herstammt. Dann aber erhebt sich natürlich die Frage, woher das Böse in Platons Sinne? Und darauf gibt uns unser Philosoph eine klare und bestimmte Antwort, indem er sagt, das Böse rühre nicht von Gott,[8]) sondern von einer ἀνάγκη, die der Materie innewohnend der von der Gottheit herstammenden Vernunft

---

[1]) Tim. 50 A f.

[2]) Tim. 50 E.

[3]) Tim. 50 C.

[4]) Tim. 30 A: „Βουληθεὶς γὰρ ὁ θεὸς ἀγαθὰ μὲν πάντα, φλαῦρον δὲ μηδὲν εἶναι κατὰ δύναμιν, οὕτω δὴ πᾶν ὅσον ἦν ὁρατὸν παραλαβὼν οὐχ ἡσυχίαν ἄγον, ἀλλὰ κινούμενον πλημμελῶς καὶ ἀτάκτως εἰς τάξιν αὐτὸ ἤγαγεν ἐκ τῆς ἀταξίας, ἡγησάμενος ἐκεῖνο τούτου πάντως ἄμεινον". Vgl. 69 B f.

[5]) Zeller II, 1. 730.

[6]) 273 B. Vgl. Gess. X, 889 C.

[7]) Tim. 30 A: „θέμις δὲ οὔτ' ἦν οὔτ' ἔστι τῷ ἀρίστῳ δρᾶν ἄλλο πλὴν τὸ κάλλιστον".

[8]) Rep. II, 379 C: „Οὐδ' ἄρα, ἦν δ' ἐγώ, ὁ θεός, ἐπειδὴ ἀγαθός, πάντων ἂν εἴη αἴτιος, ὡς οἱ πολλοὶ λέγουσιν, ἀλλ' ὀλίγων μὲν ἀνθρώποις αἴτιος, πολλῶν δὲ ἀναίτιος ... τῶν δὲ κακῶν ἄλλ' ἄττα δεῖ ζητεῖν τὰ αἴτια, ἀλλ' οὐ τὸν θεόν". Vgl. 380 B f.

bei der Weltschöpfung nicht gänzlich gehorchte, so daſs sie schuld der Unvollkommenheit in der Welt wurde.[1]) Aber auch des moralischen Übels Ursache ist die Materie, denn es stammt, nach Timaios, vom sterblichen Teile der menschlichen Seele her, welchen die gewordenen Götter (Weltseele-Gestirne) im Leibe gestalteten, und worin die Leidenschaften sich regen.[2]) Dasselbe besagt Politikos, wobei Platon auseinandersetzt, daſs die Welt von ihrem Ordner alles Schöne habe, von ihrem früheren Zustande aber alles Schlimme und Ungerechte, was sie auch in allem Lebenden schaffe.[3]) Zudem gibt Aristoteles an, daſs Platon „τὴν τοῦ εὖ καὶ τοῦ κακῶς αἰτίαν τοῖς στοιχείοις ἀπέδωκεν ἑκατέροις ἑκατέραν".[4])

Man hat gemeint, die Bezeichnung des dritten γένος als dessen, in dem (ἐν ᾧ γίγνεται καὶ πάλιν ἐκεῖθεν ἀπόλλυται, ἐκδεχόμενον πάντα γένη ἐν ἑαυτῷ),[5]) nicht als dessen, aus dem die Dinge entstehen, spreche für die Auffassung der Grundlage des sinnlich Wahrnehmbaren als des leeren Raumes.[6]) Das hat jedoch nichts für sich. Die Vorstellung dieser Grundlage als einer Masse, worin die ἐκτυπώματα der Ideen eingeprägt werden, hat diese Ausdrucksweise, wie wir glauben, erfordert. In der Vergleichung derselben mit dem Golde wo die Masse vorhanden ist, heißt es doch auch „τὸ δὲ τρίγωνον ὅσα τε ἄλλα σχήματα ἐνεγίγνετο".[7])

Wenn Zeller ferner als schlagenden Beweis für die Richtigkeit der Ansicht, daſs der leere Raum das platonische Substrat sei, die mathematische Konstruktion der Elemente anführt und meint, sie

---

[1]) Tim. 48 A: „Μεμιγμένη γὰρ οὖν ἡ τοῦδε τοῦ κόσμου γένεσις ἐξ ἀνάγκης τε καὶ νοῦ συστάσεως ἐγεννήθη κτλ." Vgl. 56 C. 68 E: „διὸ χρὴ δύ' αἰτίας εἴδη διορίζεσθαι, τὸ μὲν ἀναγκαῖον, τὸ δὲ θεῖον κτλ."

[2]) Tim. 69 C: (οἱ θεοὶ) ἄλλο τι εἶδος ἐν αὐτῷ ψυχῆς προσῳκοδόμουν τὸ θνητόν, δεινὰ καὶ ἀναγκαῖα ἐν ἑαυτῷ παθήματα ἔχον, πρῶτον μὲν ἡδονήν, μέγιστον κακοῦ δέλεαρ, ἔπειτα λύπας, ἀγαθῶν φυγάς κτλ."

[3]) 273 B: „Τούτων δὲ αὐτῷ (τῷ κόσμῳ) τὸ σωματοειδὲς τῆς ξυγκράσεως αἴτιον, τὸ τῆς πάλαι ποτὲ φύσεως ξύντροφον, ὅτι πολλῆς ἦν μετέχον ἀταξίας, πρὶν εἰς τὸν νῦν κόσμον ἀφικέσθαι· παρὰ μὲν γὰρ τοῦ συνθέντος πάντα καλὰ κέκτηται, παρὰ δὲ τῆς ἔμπροσθεν ἕξεως, ὅσα χαλεπὰ καὶ ἄδικα ἐν οὐρανῷ γίγνεται, ταῦτα ἐξ ἀνάγκης αὐτός τε ἔχει καὶ τοῖς ζῴοις ἐναπεργάζεται".

[4]) Met. I, 6. Phys. I, 9.

[5]) 49 E. 50 C ff. u. a.

[6]) Zeller a. a. O. 734.

[7]) 50 B.

entstehen erst aus den Figuren, durch die mathematische Begrenzung des leeren Raums,[1]) so ist dem entgegen zuhalten, daſs die
Form allein nicht genügt, um den Übergang der Elemente zu einander möglich zu machen.

Aus dem schon Gesagten erhellt, daſs für Platon auch die
Materie etwas Ursprüngliches neben den Ideen ist. Diese sind die
unbeweglichen Vorbilder, das formale, jene das die Formen aufnehmende Prinzip. Wären bei diesem Sachverhalte die Ideen das
Wirkliche, so wäre eine Entstehung der Welt unmöglich gewesen.
Das wirkende Prinzip ist von diesen beiden verschieden, wie wir
schon oft gesagt haben und im Folgenden klarzustellen versuchen
werden.

2. Die Gottheit.

Haben die Vorsokratiker erklärt, daſs alles in der Welt zufällig
entstanden sei und vom blinden Ungefähr gelenkt werde, so bemüht
sich unser Philosoph dagegen zu beweisen, daſs die Welt eine Vernunft angeordnet haben müsse. Wir haben bereits darauf hingewiesen, daſs er in seinen verschiedensten Dialogen, von den
früheren bis auf die spätesten auf diese Frage zurückkehrt. Im
Sophistes macht er geltend, daſs Tiere, Pflanzen und alle anderen
Naturdinge durch eine göttliche Kraft zu stande gekommen seien,
nicht wie die Meisten meinen ἀπό τινος αἰτίας αὐτομάτης καὶ
ἄνευ διανοίας φυούσης.[2]) Ebenso im Phaidon, wo er den Naturphilosophen Vorwürfe macht, daſs sie nur sekundäre Ursachen aufweisen, nicht aber die ὡς ἀληθῶς αἰτίαι,[3]) und im Philebos,[4]) wo
er nachdrücklicher im Einklang mit Anaxagoras und Sokrates eine
Vernunft als Lenkerin des Weltalls verkündet. Zu dieser Über-

---

[1]) Zeller a. a. O. 733. Vgl. Siebeck, Untersuch. S. 49. Windelband, Gesch.
d. alt. Phil. S. 122: „In diesem Sinne nahm Plato im Philebos den pythagoreischen Grundgegensatz in seine teleologische Metaphysik auf, indem er als
die beiden ersten Prinzipien der zu erklärenden Erfahrungswelt das ἄπειρον
— den unendlichen, gestaltlosen Raum — und das πέρας — die mathematische
Begrenzung und Gestaltung desselben — bestimmte. Aus der Vereinigung
beider, lehrte er weiter, ergebe sich die Welt der sinnlichen Einzeldinge u. s. w.“

[2]) 265C: „θεοῦ δημιουργοῦντος, μετὰ λόγου τε καὶ ἐπιστήμης θείας
ἀπὸ θεοῦ γιγνομένης.“ E: θείῃ τέχνῃ.

[3]) 99 A ff.

[4]) 28 C ff.

zeugung wird er durch die Weltharmonie geführt. Im Philebos heißt es: Wollen wir behaupten, daß über das All die Macht des Vernunftlosen und des Ungefährs und des Zufälligen walte, oder umgekehrt, wie die Früheren sagten, Vernunft und eine wundersame Einsicht es ordne und lenke? — Nichts von jenem —, sondern zu behaupten, Vernunft ordne dies Alles, ist dem Anblick, den das Weltall und die Sonne, der Mond und die Sterne und ihr gesamter Lauf gewährt, angemessen, und ich könnte mich wohl niemals anders darüber äußern.[1]) Das nämliche spricht er in den Gesetzen gegen allen Atheismus aus[2]) und behauptet, daß $νοῦς$ ἐστι τὸ πᾶν διακεκοσμηκώς.[3]) Unmittelbare Erzeugerin ist, wie wir schon hervorgehoben haben, die Natur, welche alles hervorbringt. Da sie aber alles zweckmäßig schafft, so muß man annehmen, daß sie eine Kraft und Vernunft in sich hat, analog wie der Mensch, die Weltseele; diese aber kann nicht von der Materie herrühren, welcher eine ἀνάγκη innewohnt, die Ursache alles Übels. Die Weltseele muß von einer höheren αἰτία[4]) stammen, von der Gottheit, welche Platon im Timaios als Demiurg einführt, der die Weltseele und den unsterblichen Teil der Menschenseelen erschafft.[5])

Er spricht vom Gotte[6]) als dem Schöpfer des Weltalls, dessen

---

[1]) 28 D f.

[2]) X, 889 B: „πῦρ καὶ ὕδωρ καὶ γῆν καὶ ἀέρα φύσει πάντα εἶναι καὶ τύχῃ φασί, τέχνῃ δὲ οὐδὲν τούτων, καὶ τὰ μετὰ ταῦτα αὖ σώματα, γῆς τε καὶ ἡλίου καὶ σελήνης ἄστρων τε πέρι διὰ τούτων γεγονέναι παντελῶς ὄντων ἀψύχων· τύχῃ δὲ φερόμενα τῇ τῆς δυνάμεως ἕκαστα ἑκάστων, ᾗ ξυμπέπτωκεν ἁρμόττοντα οἰκείως πως, θερμὰ ψυχροῖς ἢ ξηρὰ πρὸς ὑγρὰ καὶ μαλακὰ πρὸς σκληρά, καὶ πάντα ὁπόσα τῇ τῶν ἐναντίων κράσει κατὰ τέχνην ἐξ ἀνάγκης συνεκεράσθη, ταύτῃ καὶ κατὰ ταῦτα οὕτω γεγεννηκέναι τόν τε οὐρανὸν ὅλον . . . καὶ ζῷα αὖ καὶ φυτὰ ξύμπαντα, . . . οὐ διὰ νοῦν, φασιν, οὐδὲ διά τινα θεόν, οὐδὲ διὰ τέχνην κτλ."

[3]) XII, 966 E.

[4]) Phil. 30 D.

[5]) Tim. 28 A ff.

[6]) Oft spricht Platon auch in der Mehrzahl von seiner Gottheit. Götter der Volksreligion erwähnt er, er glaubt jedoch nicht an sie, denn er sagt unverhohlen: „Über die übrigen Götter aber zu sprechen und ihre Erzeugung zu erzählen, übersteigt unsere Kräfte, vielmehr müssen wir denen, welche früher darüber gesprochen haben, Glauben schenken . . . Wir müssen demnach den Göttersöhnen den Glauben nicht verweigern, obgleich sie ihre Reden nicht durch wahrscheinliche und schlagende Gründe unterstützen. (Tim. 40 D. Vgl. Gess. XII, 948 B). Auch die Weltseele und die Gestirne nennt er Götter.

wesentlichste Eigenschaft die Güte ist, aus welcher er zur Weltschöpfung getrieben wurde und für alles aufs beste sorgt;[1] ferner
die Allweisheit, durch welche er alles aufs zweckmäfsigte ein-
richtet,[2] Allwissenheit,[3] Gerechtigkeit, wodurch er alle Tugend
lohnt und alles Vergehen straft,[4] kurzum alle Tugend. Alle Leidenschaften sind ihm fremd. Der Neid steht aufserhalb des göttlichen
Chors.[5] Das Böse kann unmöglich von ihm herrühren.[6] Der
Götterglaube ist keine Erfindung von Gesetzgebern, wie es von
Vielen behauptet wurde.[7] Im Phaidon läfst Platon den Sokrates
sagen: „νῦν δὲ εὖ ἴστε, ὅτι παρ' ἄνδρας τε ἐλπίζω ἀφίξεσθαι
ἀγαθούς· καὶ τοῦτο μὲν οὐκ ἂν πάνυ διισχυρισαίμην· ὅτι μέντοι
παρὰ θεοὺς δεσπότας πάνυ ἀγαθοὺς ἥξειν, εὖ ἴστε, ὅτι,
εἴπερ τι ἄλλο τῶν τοιούτων, διισχυρισαίμην ἂν καὶ
τοῦτο".[8]

Fragt man nun, wie sich Platon Gott denkt, so können wir
mit Sicherheit sagen, dafs er alle anthropomorphistische Darstellung
Gottes zurückweist;[9] auf die Frage jedoch, ob er ihn als persön-
liches Wesen ansieht oder nicht, können wir keine sichere Antwort geben, da der Philosoph unverkennbar diese Frage in keiner
seiner Schriften zum Gegenstand einer besonderen Erörterung gemacht hat. Zeller glaubt von den Voraussetzungen des platonischen
Systems, wie er es auffafst, mit den Ideen als wirkendem Prinzip
und der des Guten als der höchsten derselben, die Unpersönlich-
keit Gottes erschliefsen zu müssen. Er sagt nämlich: „Wenn nur
dem Allgemeinen ein ursprüngliches Sein zukommt, so wird die
Gottheit als das Ursprünglichste auch das Allgemeinste sein müssen.
Wenn die Einzelwesen nur durch Teilnahme an einem Höheren

(Tim. 34 B., 40 D. u. a.), offenbar um zu zeigen, dafs sie die Menschen, Tiere
und alle Naturdinge hervorbringen. Ferner auch die Ideen (Tim. 92 B. u. a).

[1] Tim. 29 E. Phaid. 62 B. 63 B. Rep. X, 613. Gess. X, 902 B.

[2] Phaid. 97 C. Phil. 28 D ff. Gess. X, 902 E.

[3] Gess. IV, 901 D.

[4] Gess. IV, 716 A. X, 904 A ff. Theät. 176 C ff. Rep. II, 364 B. X, 613 A.

[5] Tim. 29 E. Phaidr. 247 A.

[6] Rep. II, 379 B. Theät. 176 C.

[7] Gess. X, 989 E: „θεούς, ὦ μακάριε, εἶναι πρῶτόν φασιν οὗτοι τέχνῃ,
οὐ φύσει, ἀλλά τισι νόμοις, καὶ τούτους ἄλλους ἄλλῃ, ὅπῃ ἕκαστοι ἑαυτοῖσι
συνωμολόγησαν νομοθετούμενοι κτλ." Vgl. 890 D.

[8] 63 C.

[9] Phaidr. 246 C f.

das sind, was sie sind, so wird dasjenige Wesen, welches kein höheres über sich hat, kein Einzelwesen sein können; wenn sich die Seele durch ihre Beziehung zur Körperwelt, durch den Anteil, welchen das Unbegrenzte an ihr hat von der Idee unterscheidet, so kann der Idee als solcher und also auch der mit der höchsten Idee identischen Gottheit keine Seele beigelegt werden."[1] Wir haben schon gesehen, dafs Zeller sich überall bemüht, die Ideenwelt als die wirkende, formale und Endursache bei Platon nachzuweisen. Hier sieht er sich wieder genötigt, den Ideen die Seele abzusprechen. Indessen erklärt Platon auf das bestimmteste, dafs die Seele ἀρχή κινήσεως ist, und notwendige Folge dieser Erklärung kann nur sein, entweder die Ideen, wenn man sie als das wirkende Prinzip ansieht, als beseelte Wesen zu betrachten, oder, wenn sie keine Seele haben, was das wahrscheinlichste ist und Zeller hier und in anderen Stellen zugibt, sie mit dem wirkenden Prinzip nicht zusammenzuhalten. Für die Persönlichkeit könnte dagegen zweierlei sprechen, einmal nämlich die Erklärung Platons, dafs das wirkende Prinzip νοῦς ist, dieser aber keinem Wesen ohne Seele zukommen könne,[2] sodann aber die Thatsache, dafs unser Philosoph an die Unsterblichkeit der Seele[3] und an eine Vergeltung nach dem Tode glaubt.[4] Hierzu kommt Folgendes: wirft man nämlich die Frage auf, ob der Philosoph die weltbildende Ursache als ein für sich existierendes Wesen betrachtet, welches die Weltseele, den Weltkörper, und den unsterblichen Teil der Menschenseelen erschaffen, wie er im Philebos durch die αἰτία und im Timaios durch die Einführung des Demiurgs andeutet, oder ob er sie mit der Weltseele zusammenhält, mit anderen Worten ob er Theist oder Pantheist ist, wie u. a. Teichmüller geltend zu machen versucht hat,[5] so ist ohne Frage zu antworten, dafs, wenn das letztere der Fall wäre, dann, abgesehen von anderen Schwierigkeiten, die Gottheit Ursache alles Guten und Schlechten sein müfste, während Platon, wie bereits gesagt, auf das nachdrücklichste hervorhebt, dafs nur

---

[1] II, 1, 716.

[2] Phil. 30: „σοφία μὴν καὶ νοῦς ἄνευ ψυχῆς οὐκ ἄν ποτε γενοίσθην". Tim. 30B: „νοῦν δ' αὖ χωρὶς ψυχῆς ἀδύνατον παραγενέσθαι τῳ".

[3] Phaidon, Phaidr. 245C. Rep. X, 608D ff.

[4] Phaid. 63C u. a. Phaidr. 248E. Rep. X, 610 D. 612 A. Vgl. hierzu Zeller II, 1. 838.

[5] Stud. z. Gesch. d. Begr. (1874). Die plat. Frage (1876).

das Böse in dem materiellen Prinzip, das Gute aber in der von der Gottheit stammenden Weltseele ihre Ursache hat.

Immerhin wagen wir nichts bestimmtes darüber zu äußern. Eins möchten wir jedoch hervorgehoben wissen, daß dem Philosophen eine Vernunft das höchste Prinzip ist, daß die Ideen dagegen als leblose παραδείγματα das wirkende Prinzip nicht sein können.

Schluß.

Zum Schlusse möchten wir die Ergebnisse unserer Erörterung in einem kurzen Überblick anschaulich machen.

Drei sind die Prinzipien, welche uns in der Untersuchung der platonischen Philosophie entgegentraten: 1) die Materie als das aufnehmende; 2) die Ideenwelt als das formale; 3) eine höchste Vernunft als das weltbildende Prinzip.

Was die Materie angeht, so hat Platon die Elemente der Früheren beibehalten. Während jedoch die Naturphilosophen aus dem Urstoffe alles nach mechanischen, zufällig wirkenden Gesetzen entstehen ließen, sieht sich unser Philosoph, der zweckmäßigsten Anordnung der Welt gegenüber, genötigt, eine Kraft in der Welt anzunehmen, gewisse zweckmäßig wirkende Gesetze, wonach sie sich entwickelt. Durch diese Kraft, welche er nach Analogie der Menschenseele Weltseele nennt, läßt er alles Vollkommene, was in der Natur entsteht und vergeht, zustande kommen. Die Vernunft, der sowohl die Weltseele, als die Menschenseelen ihr Dasein verdanken, sieht Platon als das höchste und vollkommenste Wesen an, wagt aber nicht sie näher zu bestimmen. Das physische Übel hat seinen Ursprung in der Materie, welche in ihrem vorweltlichen Zustande eine unregelmäßige Bewegung hatte (Gesetze des Körperlichen), die die göttlichen Gesetze nicht ganz zu überwinden vermögen. Dieselbe ist auch Quelle des moralischen Übels im Menschen, da der sterbliche Teil der menschlichen Seele aus der Materie stammt.

Die sinnlichen Erscheinungen sind in unablässigem Wechsel begriffen. Die immer entstehenden aber und wieder vergehenden Einzeldinge, haben, solange sie existieren, dieselbe Gestalt. Diese Gestalten, unter welchen die Dinge erscheinen, sind μιμήματα gewisser Typen, welche ungeworden und unvergänglich, stets unveränderlich bleiben und unbewegt sind. Die gleichnamigen Dinge tragen immer die Form des Typus, dessen Abbilder sie sind. Diese sich stets gleichbleibenden Typen nennt Platon Ideen und denkt sie sich als etwas von den Einzeldingen Isoliertes und für sich Seiendes. Genauer betrachtet sind sie die allgemeinen Begriffe in eine übersinnliche Welt als das Vollkommenste, das Ideale hinausprojiciert. Der Ideenwelt gehören nicht nur Typen der Naturdinge, sondern auch der Kunsterzeugnisse, der Eigenschaften, der Tugenden und Untugenden u. s. w.[1]) Die Form oder Gestalt dieser Ideen wird den Einzeldingen durch die wirkenden Prinzipien zu Teil; den Naturdingen durch die Natur (Weltseele-Gestirne), welche sie alle hervorbringt, den Kunsterzeugnissen durch die Menschen, welche sie zustande bringen und auch die Tugenden und Untugenden verwirklichen.[2]) Die Einzeldinge sind das, was sie sind, durch Teilnahme an den Ideen, welche, wie bereits gesagt, die Natur und der Mensch bewirkt. Insofern heißen die Ideen auch Ursachen der Dinge. Eine andere Ursächlichkeit der Sinnenwelt gegenüber schreibt Platon, so viel wir sehen können, den Ideen nicht zu, weder der Gesamtheit derselben, noch der Idee des Guten allein.

---

[1]) Erst in der späteren Zeit beschränkte Platon, wie wir schon oben erwähnt haben, die Ideen auf Naturdinge.

[2]) Vgl. oben S. 18 f. u. öft.

VITA.

Am 16. Dezember 1870 wurde ich, Theophilos Boreas, in Amarussion, einem Orte im Bezirk Athen, als Sohn griechisch orthodoxer Eltern geboren. Bis zu meinem zwölften Jahre wurde ich in der Volksschule meines Heimatsortes unterrichtet und trat hierauf in die Mittelschule in Athen über. Im September 1885 wurde ich ins Rhizaressche Seminar daselbst aufgenommen, welches ich im Juni 1890 mit dem Reifezeugnis verliefs, um im September desselben Jahres die Universität Athen zu beziehen, wo ich Theologie und Philosophie studierte, nebenbei aber auch klassische Philologie betrieb. Im Mai 1893 bestand ich die philosophische Vorprüfung und im Dezember 1894 das theologische Examen. Darauf widmete ich mich eigenen Studien, bis ich im August 1895 nach Leipzig kam, um mich in der hiesigen Universität weiter zu bilden.

Hier hörte ich besonders die Vorlesungen der Herren Professoren Heinze, Wundt, Volkelt, Guthe, Fricke, Kirn, Wachsmuth, Lipsius, Ribbeck und promovierte am 11. Mai 1898 auf Grund der vorliegenden Arbeit.

Allen meinen hochverehrten Lehrern sei mir an dieser Stelle gestattet, meinen Dank auszusprechen, insbesondere den Herren Geheimräten Prof. Dr. Heinze, Prof. Dr. Wundt und Prof. Dr. Wachsmuth, denen ich mich für ihre vielfachen Anregungen und ihr Wohlwollen, welches sie mir in überaus freundlicher Weise erwiesen, aufs tiefste verpflichtet fühle.

www.ingramcontent.com/pod-product-compliance
Lightning Source LLC
Chambersburg PA
CBHW030023030726
47499CB00008B/3096